二十五史藝文經籍志考補萃編

第二十六卷

王承略　劉心明　主編

皇朝經籍志

皇朝藝文志

〔清〕黃本驥　撰
張祖偉　郭偉宏　整理

〔清〕譚宗浚　撰
張祖偉　整理

清華大學出版社　北京

圖書在版編目(CIP)數據

二十五史藝文經籍志考補萃編. 第 26 卷/王承略,劉心明主編 . --北京:清華大學出版社,2014

ISBN 978-7-302-34182-6

Ⅰ.①二… Ⅱ.①王…②劉… Ⅲ.①中國歷史－古代史－紀傳體 ②《二十五史》－研究 Ⅳ.①K204.1

中國版本圖書館 CIP 數據核字(2013)第 246518 號

責任編輯:馬慶洲
封面設計:曲曉華
責任校對:劉玉霞
責任印製:楊 艷

出版發行:清華大學出版社
　　　　　網　　址:http://www.tup.com.cn,http://www.wqbook.com
　　　　　地　　址:北京清華大學學研大廈 A 座　　郵　編:100084
　　　　　社總機:010-62770175　　　　　　　　郵　購:010-62786544
　　　　　投稿與讀者服務:010-62776969,c-service@tup.tsinghua.edu.cn
　　　　　質 量 反 饋:010-62772015,zhiliang@tup.tsinghua.edu.cn
印 刷 者:清華大學印刷廠
裝 訂 者:三河市金元印裝有限公司
經　 銷:全國新華書店
開　 本:148mm×210mm　印　張:10.25　字　數:226 千字
版　 次:2014 年 3 月第 1 版　　　　印　次:2014 年 3 月第 1 次印刷
定　 價:50.00 元

产品編號:043556-01

《二十五史藝文經籍志考補萃編》編纂委員會

目　　録

皇朝經籍志

[清] 黃本驥 撰

張祖偉

郭偉宏 整理

底本:《叢書集成續編》影印《三長物齋叢書》本

序

　　我朝自乾隆四十七年《四庫全書》告成，搜羅廣備，採擇精詳，刊有《總目》及《簡明目録》頒行天下，較之歷代史志及《崇文總目》等書，尤爲完善，海内力學好古之士雖不能躬入内廷，徧窺中祕，就《提要》所載著述源流，亦足以見滄海之汪洋，知寶山之冞窠矣。竊以生逢右文之世，須先知近時著作，何人所著何書，然後可以上追往古，因於全書目録内檢出皇朝經籍，別爲一編，首列内廷書目一卷，尊天章也；次分經史子集爲四卷，備檢閱也；末附著書人物爲一卷，便考核也。全書告成以後，作者如林，概不徵採。是編特以四庫著録存目之書爲斷，非謂本朝書目盡在是也。道光二十四年，歲次甲辰孟冬上澣，湖南沅州府黔陽縣教諭黃本驥恭紀。

卷一

内廷書目

易經通注九卷 <small>順治十三年敕撰。</small>

御注孝經一卷 <small>順治十三年御撰。</small>

日講四書解義二十六卷 <small>康熙十六年御定。</small>

日講書經解義十三卷 <small>康熙十九年御定。</small>

日講易經解義十八卷 <small>康熙二十二年御定。</small>

欽定春秋傳說彙纂三十八卷 <small>康熙三十八年敕撰。</small>

御定律吕正義五卷 <small>康熙五十二年御定，律曆淵源之第二部也。</small>

御纂周易折中二十二卷 <small>康熙五十四年御纂。</small>

欽定音韻闡微十八卷 <small>康熙五十四年敕撰，雍正四年成。</small>

康熙字典四十二卷 <small>康熙五十五年御定，道光七年敕修。</small>

欽定詩經傳說彙纂二十卷 序二卷 <small>康熙末御定，雍正五年成。</small>

欽定書經傳說彙纂二十四卷 <small>康熙末敕撰，雍正八年成。</small>

御纂孝經集注一卷 <small>雍正五年御定。</small>

日講春秋解義六十四卷 <small>康熙中舊稿，雍正七年敕編。</small>

日講禮記解義六十四卷 <small>康熙間御定，乾隆元年敕編。</small>

御製律吕正義後編一百二十卷 <small>乾隆十一年敕撰。</small>

欽定禮記義疏八十二卷 <small>乾隆十三年御定。</small>

欽定儀禮義疏四十八卷 <small>乾隆十三年御定。</small>

欽定周官義疏四十八卷 <small>乾隆十三年御定。</small>

欽定叶韻彙輯五十八卷 <small>乾隆十五年敕撰。</small>

欽定同文韻統六卷　乾隆十五年敕撰。

御纂周易述義十卷　乾隆二十年敕撰。

欽定詩義折中二十卷　乾隆二十年御纂。

御纂春秋直解十五卷　乾隆二十三年敕撰。

欽定西域同文志二十四卷　乾隆二十八年敕撰。

欽定清文鑑三十二卷　補編四卷　總綱八卷　補總綱二卷　乾隆三十六年敕撰。

欽定音韻述微三十卷　乾隆三十八年敕撰。

御定滿洲蒙古漢字三合切音清文鑑三十三卷　乾隆四十四年敕撰。

欽定繙譯五經五十八卷　四書二十九卷　乾隆二十年敕編,四十七年成。

欽定詩經樂譜三十卷　樂律正俗一卷　乾隆五十三年敕撰。是書《總目》有,《簡明目錄》未載。

　　右經部著錄三十卷一千二十五卷。

御製人臣儆心錄一卷　順治十二年御撰。

欽定平定三逆方略六十卷　康熙二十一年敕撰。三逆謂吳三桂、尚之信、耿精忠。是書《總目》有,《簡明目錄》未載。

太祖高皇帝聖訓四卷　康熙二十五年聖祖仁皇帝恭編。

世祖章皇帝聖訓六卷　康熙二十六年聖祖仁皇帝恭編。

太宗文皇帝聖訓六卷　順治末世祖章皇帝編次,康熙二十六年聖祖仁皇帝續成。

親征朔漠方略四十卷　康熙四十七年大學士溫達等奏進。

御批通鑑綱目五十九卷　通鑑綱目前編一卷　外紀一卷　舉要三卷　通鑑綱目續編二十七卷　康熙四十八年吏部侍郎宋犖校刊。

欽定歷代紀事年表一百卷　康熙五十一年敕撰。

御定月令輯要二十四卷　圖說一卷　康熙五十四年敕撰。

八旗通志二百五十卷　雍正五年敕編。

聖祖仁皇帝聖訓六十卷　雍正九年世宗憲皇帝恭編。

世宗憲皇帝上諭八旗十三卷　旗務議覆十二卷　諭行旗務奏議十三卷 皆雍正九年敕編。

世宗憲皇帝硃批諭旨三百六十卷 雍正十年敕編，乾隆三年成。

欽定大清通禮五十卷 乾隆元年敕撰。

欽定康濟錄六卷 乾隆四年取倪國璉所進《救荒書》，賜今名。

明史三百六十六卷 乾隆四年敕撰。

世宗憲皇帝聖訓三十六卷 乾隆五年高宗純皇帝恭編。

世宗憲皇帝上諭內閣一百五十九卷 雍正七年敕編，乾隆六年成。

國朝宮史三十六卷 乾隆七年敕撰。

皇清詞林典故八卷 乾隆九年敕修。

欽定八旗滿洲氏族通譜八十卷 乾隆九年敕撰。

欽定皇朝文獻通考二百六十六卷 乾隆十二年敕撰。

欽定續文獻通考二百五十二卷 乾隆十二年敕撰。

欽定滿洲祭神祭天典禮六卷 乾隆十二年敕撰。

欽定平定金川方略三十二卷 乾隆十三年大學士來保等奏進。

皇清職貢圖九卷 乾隆十六年敕撰。

欽定盤山志二十一卷 乾隆十九年敕撰，山在薊州。是書《總目》有，《簡明目錄》未載。

欽定皇輿西域圖志五十三卷 乾隆二十一年敕撰。

大清一統志五百卷 乾隆八年敕撰，成書三百四十二卷，二十九年奉敕續編。

欽定大清會典一百卷 康熙三十三年敕撰，雍正五年、乾隆二十九年兩次敕修。

欽定大清會典則例一百八十卷 乾隆二十九年敕撰。

欽定皇朝禮器圖式二十八卷 乾隆二十四年敕撰，三十年校補。

欽定續通典一百四十四卷 乾隆三十二年敕撰。

欽定皇朝通典一百卷 乾隆三十二年敕撰。

欽定皇朝通志二百卷 乾隆三十二年敕撰。

欽定續通志五百二十七卷 乾隆三十二年敕撰。

御批通鑑輯覽一百十六卷　附　明唐桂二王本末三卷 _{乾隆三十二}
年敕撰。

欽定校正淳化閣帖釋文十卷 _{乾隆三十四年敕撰。}

御製評鑑闡要十二卷 _{乾隆三十六年大學士劉統勳等編進。}

欽定平定準噶爾方略前編五十四卷　正編八十五卷　續編
三十三卷 _{乾隆三十七年大學士傅恒等奏進。}

皇清開國方略三十二卷 _{乾隆三十八年敕撰。}

欽定日下舊聞考一百二十卷 _{乾隆三十九年取朱彝尊原本奉敕增訂。}

欽定天祿琳琅書目十卷 _{乾隆四十年敕撰。}

御定通鑑綱目三編四十卷 _{乾隆四十年敕撰。}

欽定勝朝殉節諸臣錄十二卷 _{乾隆四十一年敕撰}

欽定武英殿聚珍版程式一卷 _{乾隆四十一年戶部侍郎金簡撰進。}

欽定臨清紀略十六卷 _{乾隆四十二年大學士于敏中等奏進，紀平定山東逆民王}
倫事。

欽定蒙古源流八卷 _{其書本蒙古人小徹辰薩囊台吉撰，乾隆四十二年奉敕譯進。}

欽定國子監志六十二卷 _{乾隆四十三年敕撰。}

欽定滿洲源流考二十卷 _{乾隆四十三年敕撰。}

欽定蒙古王公功績表傳十二卷 _{乾隆四十四年敕撰。}

欽定盛京通志一百二十卷 _{乾隆四十四年敕撰。}

欽定歷代職官表六十三卷 _{乾隆四十五年敕撰。}

欽定熱河志八十卷 _{乾隆四十六年敕撰。}

欽定明臣奏議二十卷 _{乾隆四十六年敕編。}

欽定宗室王公功績表傳十二卷 _{乾隆四十六年敕撰。}

欽定遼金元三史國語解四十六卷 _{乾隆四十六年敕撰。是書《總目》有，}
《簡明目錄》未載。

欽定平定兩金川方略一百五十二卷 _{乾隆四十六年大學士阿桂等奏進。}

欽定蘭州紀略二十卷 _{乾隆四十六年敕撰，紀平定逆回蘇四十三等事。}

欽定河源紀略三十六卷　乾隆四十七年敕撰。是書《總目》有,《簡明目録》未載。

欽定古今儲貳金鑑六卷　乾隆四十八年敕撰。是書《總目》有,《簡明目録》未載。

欽定石峯堡紀略二十卷　乾隆四十九年敕撰。紀平定逆回田五等事。是書《總目》有,《簡明目録》未載。

大清律例四十七卷　乾隆五十年敕修。

欽定臺灣紀略七十卷　乾隆五十三年敕撰,紀平定逆民林爽文等事。是書《總目》有,《簡明目録》未載。

　　　　右史部著録六十六部五千五百八卷。

御定資政要覽三卷　後序一卷　順治十二年敕撰。

御定内則衍義十六卷　順治十三年敕撰。

御注道德經二卷　順治十三年御撰。

御定孝經衍義一百卷　順治十三年敕撰,康熙二十一年告成。

御定廣羣芳譜一百卷　康熙四十七年取明王象晉書敕編。

御定佩文齋書畫譜一百卷　康熙四十七年敕撰。

御定淵鑑類函四百五十卷　康熙四十九年敕編。

御定佩文韻府四百四十四卷　康熙五十年敕編。

御定星曆考原六卷　康熙五十二年敕撰。

御纂朱子全書六十六卷　康熙五十二年敕撰。

御定曆象考成四十二卷　康熙五十二年敕撰,律曆淵源之第一部也。

御定數理精蘊五十三卷　康熙五十二年敕撰,律曆淵源之第三部也。

御定佩文韻府拾遺一百十二卷　康熙五十五年敕修。

御纂性理精義十二卷　康熙五十六年敕撰。

御定駢字類編二百四十卷　康熙五十八年敕編。

御定分類字錦六十四卷　康熙六十年敕編。

聖諭廣訓一卷　雍正二年御撰。

御定子史精華一百六十卷　康熙末敕編,雍正五年成。

御定執中成憲八卷　雍正六年敕撰。

庭訓格言一卷　<small>雍正八年御述。</small>

御製日知薈説四卷　<small>乾隆元年御撰。</small>

欽定授時通考七十八卷　<small>乾隆二年敕撰。</small>

御定曆象考成後編十卷　<small>乾隆二年敕撰。</small>

御定儀象考成三十二卷　<small>乾隆九年敕撰。</small>

秘殿珠林二十四卷　<small>乾隆九年敕撰。</small>

御定醫宗金鑑九十卷　<small>乾隆十四年敕撰。</small>

御覽經史講義三十一卷　<small>乾隆十四年敕編。</small>

欽定西清古鑑四十卷　<small>乾隆十四年敕撰。</small>

欽定錢録十六卷　<small>乾隆十五年敕撰。</small>

石渠寶笈四十四卷　<small>乾隆十九年敕撰。</small>

欽定協紀辨方書三十六卷　<small>乾隆四十年敕撰。</small>

欽定西清硯譜二十五卷　<small>乾隆四十三年敕撰。</small>

　　右子部著録三十二部二千四百一十一卷。

聖祖仁皇帝御製文集一百七十六卷

御選古文淵鑑六十四卷　<small>康熙二十四年敕編。</small>

御定全唐詩九百卷　<small>康熙四十二年敕編。</small>

御定佩文齋詠物詩選四百八十六卷　<small>康熙四十五年敕編。</small>

御定歷代賦彙一百四十卷　外集二十卷　逸句二卷　補遺二
　十二卷　<small>康熙四十五年敕編。</small>

御定題畫詩一百二十卷　<small>康熙四十六年敕編。</small>

御定歷代詩餘一百二十卷　<small>康熙四十六年敕編。</small>

御定四朝詩三百一十二卷　<small>康熙四十八年敕編。四朝,宋、金、元、明。</small>

御定全金詩七十四卷　<small>康熙五十年敕編。</small>

御選唐詩三十二卷　附録三卷　<small>康熙五十二年敕編。</small>

欽定詞譜四十卷　<small>康熙五十四年敕撰。</small>

欽定曲譜十四卷　康熙五十四年敕撰。

御定千叟宴詩四卷　康熙六十一年敕編。是書《總目》有，《簡明目録》未載。

世宗憲皇帝御製文集三十卷

欽定四書文四十一卷　乾隆元年内閣學士方苞奉敕編。

御選唐宋文醇五十八卷　乾隆三年敕編。

皇清文穎一百二十四卷　康熙四十八年、雍正十二年兩次奉敕編輯，至乾隆九年告成。

御選唐宋詩醇四十七卷　乾隆十五年敕編。

欽定補繪離騷全圖二卷　原圖爲蕭雲從繪，乾隆四十七年奉敕補繪。

高宗純皇帝御製樂善堂文集定本三十卷　乾隆二十三年敕編。

御製文初集三十卷　二集四十四卷

御製詩初集四十八卷　二集一百卷　三集一百十二卷　四集一百十二卷　案《總目》所載御製詩文集皆編至乾隆四十八年止。

欽定千叟宴詩三十六卷　乾隆五十五年敕編。是書《總目》有，《簡明目録》未載。

右集部著録二十三部三千三百四十三卷。

卷二

經部

讀易大旨五卷　孫奇逢撰

周易稗疏四卷　附　考異一卷　王夫之撰

易酌十四卷　刁包撰

田間易學十二卷　錢澄之撰

易學象數論六卷　黃宗羲撰

周易象辭二十一卷　附　尋門餘論二卷　圖象辨惑一卷[①]　黃宗炎撰

周易筮述八卷　王弘撰[②]

仲氏易三十卷　《仲氏易》者，摭其兄錫齡之說也。

推易始末四卷　春秋占筮書三卷　易小帖五卷　毛奇齡撰

喬氏易俟十八卷　喬萊撰

讀易日鈔六卷　張烈撰

周易通論四卷　周易觀象十二卷　李光地撰

周易淺述八卷　陳夢雷撰

易原就正十二卷　包儀撰

大易通解十五卷　附錄一卷　魏荔彤撰

---

① “象”，1965 年中華書局影印清浙江杭州刻《四庫全書總目》（以下簡稱《總目》）作“書”，臺灣商務印書館影印文淵閣《四庫全書》）（以下簡稱《四庫全書》）本作“學”。

② “弘”，原作“宏”，《總目》同，據《四庫全書》本書題名改，下同。“宏”係避乾隆諱，今回改。

易經衷論二卷　　張英撰

易圖明辨十卷　　胡渭撰

合訂删補大易集義粹言八十卷　　《大易集義》,宋陳友文撰。《大易粹言》,宋
　方聞一撰①　　納喇性德編

周易傳注七卷　附　周易筮考一卷　李塨撰

周易劄記二卷　　楊名時撰

周易傳義合訂十二卷　　朱軾撰

周易玩辭集解十卷　　查慎行撰

易說六卷　　惠士奇撰

周易函書約存十八卷　　約注十八卷　　別集十六卷　　是書原本一百十八
　卷,　此其節本,故題曰約。　胡煦撰

易箋八卷　　陳法撰

楚蒙山房易經解十六卷　　晏斯盛撰

周易孔義集說二十卷　　沈起元撰

易翼述信十二卷　　王又樸撰

周易淺釋四卷　　潘思榘撰

周易洗心九卷　　任啓運撰

豐川易說十卷　　王心敬撰

周易述二十三卷　　易漢學八卷　　易例二卷　　惠棟撰

新本鄭氏周易三卷　　惠棟編

易象大意存解一卷　　任陳晉撰

大易擇言三十六卷　　程廷祚撰

周易辨畫四十卷　　連斗山撰

周易圖書質疑二十四卷　　趙繼序撰

周易章句證異十一卷　　翟均廉撰

---

① “一”,原缺,據《總目》補。

右易類著録四十三部六百一卷。

讀易蒐十二卷　鄭廙唐撰

大易則通十五卷　閏一卷　胡世安撰

周易感義　<small>無卷數。</small>岳虞巒撰

易學筮貞四卷　趙世對撰

周易明善録二卷　徐繼發撰

麗奇軒易經講義　<small>無卷數。</small>紀克揚撰

羲畫憤參二十五卷　陸位時撰

周易辨疑　<small>無卷數。</small>李開先撰

易存　<small>無卷數。</small>蕭雲從撰

周易説略四卷　張爾岐撰

周易纂解正宗六卷　謝復芃撰

周易塵談　<small>無卷數。</small>孫應龍撰

周易纂注　<small>無卷數。</small>朱奇穎撰

易史參録二卷　葉矯然撰

大易疏義五卷　王芝藻撰

周易滴露集　<small>無卷數。</small>張完臣撰

周易疏略四卷　張沐撰

加年堂講易十二卷　周漁撰

讀易近解二卷　湯秀琦撰

周易郁溪記十四卷　郁文初撰

周易起元十八卷　陳圖撰

易贅二卷　王艮撰

易大象説録二卷^①　吳舒鳧撰

周易惜陰録四十六卷　周易存義録十二卷　周易惜陰詩集三

---

①　"象"，原作"策"，據《總目》及 1997 年齊魯書社、臺灣莊嚴文化事業有限公司出版《四庫全書存目叢書》（以下簡稱《存目叢書》）影印清刻本本書題名改。

　卷　徐世沐撰

圖易定本一卷　邵嗣堯撰

易經述　無卷數。　陳詵撰

周易廣義六卷　潘元懋撰

大易蓄疑七卷　劉蔭樞撰

易論　無卷數。　徐善撰

周易應氏集解十三卷　應撝謙撰

易原　無卷數。　趙振芳撰

易或十卷　徐在漢撰

易經辨疑七卷　張問達撰

周易通十卷　周易辨二十四卷　浦龍淵撰

周易義參六卷　于琳撰

身易實義五卷　沈廷勱撰

河圖洛書原舛編一卷　毛奇齡撰

易宗集注十二卷　孫宗彝撰

周易清解　無卷數。　江見龍撰

周易本義述蘊四卷　周易蘊義圖考二卷　姜兆錫撰①

研北易鈔十二卷　宋元周易解提要　附　易解別錄　無卷數。黃
　叔琳撰

周易淺解四卷　張步瀛撰

易經詳說　無卷數。　冉覲祖撰

易學參說二卷　馮昌臨撰

易象二卷　王明弼撰

易宮三十八卷　讀易管窺五卷　吳隆元撰

讀易約編四卷　朱江撰

_____

　　①　“姜”，原作“江”，據《總目》及《存目叢書》影印清乾隆寅清樓刻九經補注本本書
題名改。

孔門易緒十六卷　張德純撰

易韋二卷　朱襄撰

周易闡理四卷　戴虞皋撰

易瀹二卷　方鯤撰

易説要旨二卷　李寅撰

易象數鈎深圖三卷　張文炳撰

周易象義合參十二卷　吳德信撰

周易通義十四卷　方棻如撰

周易本義晰　無卷數。　胡良顯撰

易説十卷　田嘉穀撰

先天易貫五卷　劉元龍撰

易經纂言　無卷數。　王士陵撰

周易本義拾遺六卷　李文炤撰

易經釋義四卷　沈昌基撰

易鏡　無卷數。　戴天章撰

心易一卷　戴天恩撰

易經粹言三卷　應麟撰

易互六卷　楊陸榮撰

成均課講周易　無卷數。崔紀撰

索易臆説二卷　吳啓昆撰

陸堂易學十卷　陸奎勳撰

周易録疑　無卷數。　陳綽撰

易義隨記八卷　易卦劄記四卷　夏宗瀾撰

程氏易通十四卷　易説辨正四卷　程廷祚撰

學易闡微四卷[①]　羅登標撰

---

① “學易”，原作“易學”，據《總目》及《存目叢書》影印清乾隆八年松學清署刻本本書題名改。

讀易質疑二十卷　汪璲撰

周易會緝　無卷數。　吳映撰

大易闡微録十二卷　劉琯撰

周易詳說十九卷　劉紹攽撰

周易原始六卷　范咸撰

易經理解一卷　邰煜撰

周易撥易堂解二十卷　劉斯組撰

周易摘鈔五卷　顧昺撰

學易大象要參四卷　林贊龍撰

經義管見一卷　饒一辛撰

周易解翼十卷　上官章撰

東易問八卷　魏樞撰

易貫十四卷　張敘撰

周易緯史　無卷數。　錢偲撰

空山易解四卷　牛運震撰

周易剩義二卷　童能靈撰

易學圖說會通八卷　易學圖說續聞一卷　周易輯說存正十二
　卷　附　易說通旨略一卷　楊方達撰

周易蛾術七十四卷　倪濤撰

易說一卷　吳汝惺撰

易經一說　無卷數。　王俶撰

周易彙解衷翼十五卷　許體元撰

易象援古　無卷數。　申爾宣撰

大易合參講義十卷　朱用行撰

周易粹義五卷　薛雪撰

易著圖說十卷　潘咸撰

讀易自識　無卷數。　金綎撰

易觀十二卷　凌去盈撰

周易小疏十四卷　虞楷撰

易經貫一二十二卷　金誠撰

易觀四卷　胡淳撰

易象約言^①　<small>無卷數。</small>吳鼐撰

易經提要録六卷　徐鐸撰

易讀　<small>無卷數。</small>宋邦綏撰

大易理數觀察二卷　朱如日撰

來易增删八卷　張祖武撰

周易輯要五卷　朱瓚撰

周易讀翼揆方十卷^②　孫夢逵撰

易深八卷　許伯政撰

易經講義八卷　莨仕周撰

周易析義十五卷^③　張蘭皋撰

易説存悔二卷　汪憲撰

易義便覽三卷　向德星撰

周易集解增釋八十卷　張仁浹撰

周易曉義九卷　唐一麟撰

易例舉要二卷　十家易象集説九十卷　吳鼎撰

周易井觀十二卷　周大樞撰

大易近取録　<small>無卷數。</small>邵晉之撰

周易觀瀾　<small>無卷數。</small>喬大凱撰

易經觀玩篇　<small>無卷數。</small>朱宗洛撰

---

① "約",原作"□",據《總目》補。
② "揆方",原作"□□",據《總目》補。
③ "義",《總目》同,《存目叢書》影印清乾隆九年梅花書屋刻本作"疑"。

易解拾遺七卷　附　周易句讀讀本二卷　周世金撰

周易集注十一卷　圖説一卷　王琬撰

易準四卷　曹庭棟撰

易圖疏義四卷　劉鳴珂撰

易見九卷　貢渭濱撰

易象圖説二卷　吳脈鬯撰

周易後天歸圖四卷　黎田高撰

易經輯疏四卷　黃家杰撰

易經會意解　無卷數。　王芝蘭撰

河洛先天圖説二卷　劉天真撰

周易象訓十二卷　姚球撰

易經辨疑四卷　鄭國器撰

周易剩義四卷　黃燦撰

易經告蒙四卷　圖注三卷　趙世迴撰

周易懸象八卷　黃元御撰

易經本義翼十二卷　曹澐撰

讀易隨鈔　無卷數。

卦爻遺稿演一卷

周易觀象疑問二卷　大傅章旨二卷　以上三書,不著撰人名氏。

　　右易類存目一百五十一部,一千一百七十九卷。　　内三十
　　部無卷數。

書經稗疏四卷　王夫之撰

古文尚書疏證八卷　閻若璩撰

古文尚書冤詞八卷　尚書廣聽録五卷　毛奇齡撰

尚書埤傳十七卷　禹貢長箋十二卷　朱鶴齡撰

禹貢錐指二十卷　圖一卷　洪範正論五卷　胡渭撰

尚書解義一卷　李光地撰

書經衷論四卷　張英撰

尚書地理今釋一卷　蔣廷錫撰

禹貢會箋十二卷　徐文靖撰

　　右書類著録十二部九十八卷。

尚書集解二十卷　九州山水考三卷　孫承澤撰

尚書近指六卷　孫奇逢撰

尚書引義六卷　王夫之撰

尚書體要六卷　錢肅潤撰

書經疏略六卷　張沐撰

古文尚書考一卷　陸隴其撰

尚書惜陰録六卷　徐世沐撰

尚書口義六卷　劉懷志撰

禹貢正義三卷　曹爾成撰

舜典補亡一卷　毛奇齡撰

尚書義疏　無卷數。　蔣家駒撰

書經詳説　無卷數。　冉覲祖撰

禹貢臆參　無卷數。　楊陸榮撰

禹貢譜二卷　王澍撰

禹貢解八卷　晏斯盛撰

今文尚書説三卷　陸奎勳撰

尚書通義十四卷　方荣如撰

尚書舉隅六卷　徐志遴撰

書經劄記　無卷數。　顧昺撰

禹貢方域考一卷① 　湯奕瑞撰

尚書約旨六卷　尚書通典略二卷　楊方達撰

----

① “考”，原作“記”，據《總目》及《存目叢書》影印清雍正十二年刻本本書題名改。

禹貢約義　無卷數。華玉淳撰

尚書質疑八卷　王心敬撰

書經參義六卷　姜兆錫撰

尚書質疑二卷　顧棟高撰

書經提要十卷　徐鐸撰

尚書小疏一卷　沈彤撰

心園書經知新八卷　郭兆奎撰

尚書讀記一卷　閻循觀撰

尚書私學四卷　江昱撰

尚書注解纂要六卷　吳蓮撰

尚書剩義四卷　黃璘撰　附錄　別本尚書大傳三卷　補遺一卷　孫之騄編

　　右書類存目三十四部一百五十六卷，内五部無卷數。附錄一部四卷。

田間詩學十二卷　錢澄之撰

詩經稗疏四卷　王夫之撰

詩經通義十二卷　朱鶴齡撰

毛詩稽古編三十卷　陳啟源撰

詩所八卷　李光地撰

毛詩寫官記四卷　是書取《漢志》"武帝置寫書官"之語爲名，設爲問答，自記其説也。　詩札二卷　詩傳詩説駁義五卷　續詩傳鳥名三卷　奇齡《續詩傳》已佚，《鳥名》乃末一卷，其門人衍爲三卷。　毛奇齡撰

詩識名解十五卷　姚炳撰

詩傳名物集覽十二卷　陳大章撰

詩説三卷　惠周惕撰

詩經劄記一卷　楊名時撰

讀詩質疑三十一卷　附録十五卷　嚴虞惇撰

毛詩類釋二十一卷　續編三卷　顧棟高撰

詩疑辨證六卷　黃中松撰

三家詩拾遺十卷 補王應麟《詩考》之遺。三家,齊、魯、韓也。**詩瀋二十卷**

　范家相撰

詩序補義二十四卷　姜炳璋撰

虞東學詩十二卷　顧鎮撰

　　右詩類著録二十部二百五十三卷。

詩經朱傳翼三十卷　孫承澤撰

詩説簡正録十卷　提橋撰

詩問一卷　吳蕭公撰

詩經傳説取裁十二卷　張能鱗撰

毛詩日箋六卷　秦松齡撰

詩經疏略八卷　張沐撰

詩經比興全義一卷　王鍾毅撰

詩經惜陰録二十卷　徐世沐撰

白鷺洲主客説詩一卷　國風省篇一卷　毛奇齡撰

詩蘊四卷　姜兆錫撰

詩經集成三十卷　趙燦英撰

詩經詳説　無卷數。　冉覲祖撰

詩統説三十二卷　黃叔琳撰

毛詩通義十四卷　方葇如撰

詩經測義四卷　李鍾僑撰

詩經旁參二卷　應麟撰

陸堂詩學十二卷　陸奎勳撰

詩經廣大全二十卷　黃夢白　陳曾同撰

復菴詩說六卷　　王承烈撰

毛朱詩說一卷　　閻若璩撰

詩經序傳合參　無卷數。　　顧昺撰

毛詩説二卷　　諸錦撰

學詩闕疑二卷　　劉青芝撰

詩貫十八卷　　張敘撰

毛詩訂韻五卷　　謝起龍撰

詩義記講四卷　　夏宗瀾撰

詩經提要録三十一卷　　徐鐸撰

豐川詩說二十卷　　王心敬撰

詩經拾遺十三卷　　葉酉撰

風雅遺音四卷　　史榮撰

詩深二十六卷　　許伯政撰

毛詩廣義　無卷數。　　紀昭撰

詩經彙詁二十四卷　　范芳撰

詩經正解三十卷　　姜文燦撰

　　右詩類存目三十五部，三百九十四卷。　内三部無卷數。

周禮述注二十四卷　　李光坡撰

周禮訓纂二十一卷　　李鍾倫撰

周官集注十二卷　　方苞撰

禮說十四卷　　惠士奇撰

周官禄田考三卷　　沈彤撰

周禮疑義舉要七卷　　江永撰

　　右禮類周禮之屬著録六部八十一卷。

周禮訂釋古本　無卷數。　　王芝藻撰

高注周禮二十二卷　高愈撰

周禮惜陰録六卷　徐世沐撰

周官辨非一卷　萬斯大撰

周禮問二卷　毛奇齡撰

周禮節訓六卷　黃叔琳撰

周官析疑三十六卷　考工記析疑四卷　周官辨一卷　方苞撰

周禮集傳六卷　李文炤撰

周官翼疏三十卷　沈淑撰

周禮會要六卷　王文清撰

周禮質疑五卷　劉青芝撰

周禮輯義十二卷　姜兆錫撰

周禮拾義　無卷數。　李大濬撰

周禮三注粹鈔二卷　三注謂宋王與之、元邱葵、吳澄也。　高宸撰

　　右禮類周禮之屬存目十五部，一百三十九卷。　内二部無卷數。

儀禮鄭注句讀十七卷　　附　監本正誤、石經正誤二卷　張爾
　岐撰

儀禮商二卷　附録一卷　萬斯大撰

儀禮述注十七卷　李光坡撰

儀禮析疑十七卷　方苞撰

儀禮章句十七卷　吳廷華撰

補饗禮一卷　諸錦撰

禮經本義十七卷　蔡德晉撰

宮室考十三卷　肆獻裸饋食禮三卷　任啟運撰

儀禮釋宮增注一卷[1]　江永撰

---

[1]　原書"宮"下衍"譜"字，據《總目》及《四庫全書》本書題名刪。

儀禮小疏一卷　沈彤撰

儀禮集編四十卷　盛世佐撰　　附録　讀禮通考一百二十卷
　徐乾學撰

　　右禮類儀禮之屬著録十二部一百四十九卷,附録一部一百
　　二十卷。

儀禮惜陰録八卷　徐世沐撰

喪禮吾説篇十卷　毛奇齡撰

儀禮訓義十七卷　無撰人名氏,自序題:康熙庚申。

儀禮釋例一卷　僅釋服一類,蓋未成之書。　江永撰

儀禮易讀十七卷　馬駉撰　　附録　讀禮問一卷　吴蕭公撰

服制圖考八卷①　朱建子撰

讀禮紀略六卷　附　婚禮廣義一卷　朱董祥撰

　　右禮類儀禮之屬存目五部五十三卷,附録三部十六卷。

深衣考一卷　黄宗羲撰

陳氏禮記集説補正三十八卷　納喇性德撰

禮記述注二十八卷　李光坡撰

禮記析疑四十六卷　方苞撰

檀弓疑問一卷　邵泰衢撰

禮記訓義擇言八卷　深衣考誤一卷　江永撰

　　右禮類禮記之屬著録七部一百二十三卷。

禮記提綱集解四卷　邱元復撰

禮記疏略四十七卷　張沐撰

禮記惜陰録八卷　徐世沐撰

---

① “服制圖考”,《總目》同,《存目叢書》影印清鈔本作“喪服制考”。

禮記偶箋三卷　萬斯大撰

曾子問講録四卷　毛奇齡撰

禮記詳説　無卷數。　冉覲祖撰

禮記章義十卷　姜兆錫撰

校補禮記纂言三十六卷　《禮記纂言》，元吳澄撰。　朱軾編

戴記緒言四卷　陸奎勳撰

禮記類編三十卷　沈元滄撰

學禮闕疑八卷　劉青蓮撰

檀弓論文二卷　孫濩孫撰[①]

禮記章句十卷　任啟運撰

禮記彙編八卷　王心敬撰　　附録　夏小正解一卷　徐世溥撰

夏小正注一卷　黄叔琳撰

大戴禮删翼四卷　姜兆錫撰

夏小正詁一卷　諸錦撰

　　右禮類禮記之屬存目十四部一百七十四卷，內一部無卷數。
　　附録四部七卷。

學禮質疑二卷　萬斯大撰

讀禮志疑六卷　陸隴其撰

郊社禘祫問一卷　毛奇齡撰

參讀禮志疑二卷　汪紱撰

　　右禮類三禮總義之屬著録四部十一卷。

三禮合纂二十八卷　張怡撰

────────

　　①　“濩”下“孫”字，原缺，據《總目》及《存目叢書》影印清康熙刻本本書題名補，下同。

讀禮竊注一卷　孫自務撰

稽禮辨論一卷　劉凝撰

昏禮辨正一卷　廟制折衷三卷　大小宗通繹一卷　學校問一
　卷　明堂問一卷　毛奇齡撰

郊社考辨一卷　李塨撰

三禮約編十九卷　汪基撰

三禮會通二卷　張必剛撰

　　右禮類三禮總義之屬存目十一部五十九卷。

禮書綱目八十五卷　江永撰

五禮通考二百六十二卷　秦蕙田撰

　　右禮類通禮之屬著錄二部三百四十七卷。

禮學類編七十卷　應撝謙撰

儀禮節要二十卷　朱軾撰

禮樂通考三十卷　胡掄撰

儀禮經傳內編二十三卷　外編五卷　姜兆錫撰

重刊朱子儀禮經傳通解六十九卷　梁萬方撰

　　右禮類通禮之屬存目五部二百一十七卷。

朱子禮纂五卷　李光地撰

辨定祭禮通俗譜五卷　毛奇齡撰

　　右禮類雜禮書之屬著錄二部十卷。

讀禮偶見二卷　許三禮撰

學記五卷　李塨撰

家禮辨定十卷　王復禮撰

四禮寧儉編　<small>無卷數。</small>　王心敬撰

昏禮通考二十四卷　曹庭棟撰

齊家寶要二卷　張文嘉撰

　　右禮類雜禮書之屬存目六部四十三卷。　<small>内一部無卷數。</small>

左傳杜解補正三卷　顧炎武撰　春秋稗疏二卷　王夫之撰

春秋平義十二卷　春秋四傳糾正一卷　俞汝言撰

讀左日鈔十二卷　補二卷　朱鶴齡撰

左傳事緯十二卷　附錄八卷　馬驌撰

春秋毛氏傳三十六卷　春秋簡書刊誤二卷　春秋屬辭比事記
　　四卷　毛奇齡撰

春秋地名考略十四卷　高士奇撰

春秋管窺十二卷　徐庭垣撰

三傳折諸四十四卷　<small>書名取楊雄羣言淆亂折諸聖也。</small>　張尚瑗撰

春秋闕如編八卷　焦袁熹撰

春秋宗朱辨義十二卷　張自超撰

春秋通論四卷　方苞撰

春秋長曆十卷　春秋世族譜一卷　陳厚耀撰

半農春秋説十五卷　惠士奇撰

春秋大事表五十卷　輿圖一卷　附錄一卷　顧棟高撰

春秋識小錄九卷　程廷祚撰

左傳補注六卷　惠棟撰

春秋左氏傳小疏一卷　沈彤撰

春秋地理考實四卷　江永撰

三正考二卷　吳鼐撰

春秋究遺十六卷　葉酉撰

春秋隨筆二卷　顧奎光撰

右春秋類著録二十六部三百六卷。

春秋程傳補二十卷　孫承澤撰

左傳統箋三十五卷　姜希轍撰

春秋家説三卷　王夫之撰

春秋傳注三十六卷　嚴啟隆撰

春秋論二卷　嚴毅撰

春秋正業經傳刪本十二卷　金甌撰

春秋傳議四卷　張爾岐撰

學春秋隨筆十卷　萬斯大撰

春秋志十五卷　湯秀琦撰

春秋備要三十卷　翁漢麐撰

春秋類義折衷十六卷　王芝藻撰

春秋疏略五十卷　張沐撰

春秋類考十二卷　春秋疑義一卷　華學泉撰

春秋輯傳辨疑　無卷數。　李集鳳撰

春秋惜陰録八卷　徐世沐撰

春秋蓄疑十一卷　劉蔭樞撰

春秋集解十二卷　附　校補春秋集解緒餘一卷　春秋提要補
　遺一卷　應撝謙撰

春秋遵經集説二十六卷　邱鍾仁撰

春秋條貫篇十一卷　毛奇齡撰

春秋大義　無卷數。　張希良撰

春秋參義十二卷　春秋事義慎考十四卷　公穀彙義十二卷
　姜兆錫撰

春秋義疏　無卷數。　蔣家駒撰

春秋指掌三十卷　前事一卷　後事一卷　儲欣　蔣景祁同撰

春秋詳說　_{無卷數。}　冉覲祖撰

宋元春秋解提要　_{無卷數。}　黃叔琳撰

或菴評春秋三傳　_{無卷數。}　王源撰

春秋鈔十卷　朱軾撰

春秋比事目錄四卷　方苞撰

春秋三傳纂凡表四卷　盧軒撰

左傳拾遺二卷　朱元英撰

春秋說十二卷　田嘉穀撰

春秋義十五卷　孫嘉淦撰

春秋集傳十卷　李文炤撰

左傳杜注補義一卷　蘇本潔撰

左傳姓名考四卷　高士奇撰

春秋測微十三卷　朱奇齡撰

春秋三傳同異考一卷　吳陳琰撰①

春秋左傳事類年表一卷　顧宗瑋撰

左繡三十卷　馮李驊　陸浩同編

春秋剩義二卷　應麟撰

春秋義存錄十二卷　陸奎勳撰

春秋筆削微旨二十六卷　春秋通論五卷　劉紹攽撰

空山堂春秋傳十二卷　牛運震撰

春秋管見　_{無卷數。}　魏樞撰

春秋義補注十二卷　楊方達撰

春秋原經二卷　王心敬撰

春秋深十九卷　許伯政撰

春秋集古傳注二十六卷　或問六卷　郜坦撰

---

①　“琰”，原作“琬”，《總目》同，據《存目叢書》影印清康熙刻《昭代叢書》本本書題名改。“琬”係避嘉慶諱，今回改，下同。

春秋義解十二卷　劉夢鵬撰

讀左補義五十卷　姜炳璋撰

春秋經傳類求十二卷　孫從添　過臨汾同編

春秋一得一卷　閻循觀撰

左傳評三卷　李文淵撰

春秋日食質疑一卷　吳守一撰

春秋不傳十二卷　書名不傳,謂於四傳無所專從也。**湯啟祚撰**

春秋集解讀本十二卷　吳應申撰

春秋三傳事實廣證　無卷數,不著撰人名氏。

　　右春秋類存目六十部七百一十八卷。　內八部無卷數。

孝經問一卷　毛奇齡撰

　　右孝經類著録一部一卷。

孝經注義一卷　魏裔介撰

孝經集解一卷　蔣永修撰

讀孝經四卷　應是撰

孝經類解十八卷　吳之騄撰

孝經正文一卷　內傳一卷　外傳三卷　李之素撰

孝經詳說二卷　冉覲祖撰

孝經注一卷　朱軾撰

孝經三本管窺一卷　三本,謂古文本、今文本及朱子刊誤本也。　吳隆
　元撰

孝經集解一卷　張星徽撰

孝經章句一卷　任啟運撰

孝孝通義一卷　華玉淳撰

孝經本義一卷　姜兆錫撰

孝經通釋十卷　曹庭棟撰

右孝經類存目十三部四十七卷。

七經孟子考文補遺一百九十九卷　山井鼎撰

物觀校勘　九經誤字一卷　顧炎武撰

經問十八卷　經問補三卷　奇齡門人編，其子遠宗補。　毛奇齡撰

十三經義疑十二卷　吳浩撰

九經古義十六卷　惠棟撰

經稗六卷　鄭方坤撰

十三經注疏正字八十一卷　沈廷芳撰

朱子五經語類八十卷　程川編

羣經補義五卷　江永撰

經咡一卷　經咡者，用《國語》晉文公咡聞語也。　陳祖範撰

九經辨字瀆蒙十二卷　沈炳震撰

古經解鉤沉三十卷　余蕭客撰　附錄　古微書三十六卷　孫
　轂撰

右五經總義類著録十二部四百六十四卷，附録一部三十六卷。

墨菴經學　無卷數。　沈起撰

五經翼二十卷　孫承澤撰

稽古訂譌　無卷數。　龔廷歷撰

五經辨譌五卷　呂治平撰

勉菴説經十卷　齊祖望撰

七經同異考三十四卷　周象明撰

經説一卷　冉覲祖撰

此木軒經説彙編六卷　焦袁熹撰

六經圖十六卷　江爲龍等編

五經圖十二卷　《五經圖》原本,係雲英曾祖明江西布政司參議謙輯。**盧雲英重編**

冬餘經說十二卷　邵向榮撰

三傳三禮字疑六卷　附　春秋大全字疑一卷　禮記大全字疑一卷　吳浩撰

經史辨疑一卷　朱董祥撰

經玩二十卷　沈淑編

三經附義六卷　三經,《易》《書》《詩》也。　李重華撰

松源經說四卷　孫之騄撰

心園經說二卷①　郭兆奎撰

六經圖六卷　王皜撰

十三經字辨　無卷數　陳鶴齡撰

古學偶編一卷　張綱撰

九經圖　無卷數。　楊魁植編　其子文源增訂

說書偶筆四卷　丁愷曾撰

經解五卷　經義雜著一卷　黃文澍撰

　　　右五經總義類存目二十三部一百七十四卷。　內四部無卷數。

四書近指二十卷　孫奇逢撰

孟子師說二卷　師說者,宗羲述劉宗周之說也。　黃宗羲撰

大學翼真七卷　胡渭撰

四書講義困勉録三十七卷　松陽講義十二卷　陸隴其撰

大學古本説一卷　中庸章段一卷　中庸餘論一卷　讀論語劄記二卷　讀孟子劄記二卷　李光地撰

論語稽求篇四卷　四書賸言四卷　補二卷　大學證文四卷

　　毛奇齡撰

四書釋地一卷　續一卷　又續二卷　三續二卷　閻若璩撰

四書劄記四卷　楊名時撰

此木軒四書說九卷　焦袁熹撰

鄉黨圖考十卷　江永撰

四書逸箋六卷　程大中撰

　　右四書類著錄十四部一百三十四卷。

朱子四書語類五十二卷　周在延編

麗奇軒四書講義　無卷數。　紀克揚撰

四書翊注四十二卷　刁包撰

聖學心傳　無卷數。薛鳳祚編

四書大全纂要　無卷數。魏裔介撰

四書惜陰錄二十一卷　徐世沐撰

三魚堂四書大全四十卷　陸隴其編

續困勉錄六卷　陸隴其撰

四書初學易知解十卷　邵嗣堯撰

四書述十九卷　陳詵撰

四書鈔十八卷　秘丕笈撰

四書貫一解十二卷　閔嗣同撰

四書索解四卷　大學知本圖說一卷　大學問一卷　逸講箋三
　　卷　中庸說五卷　毛奇齡撰

聖門釋非錄五卷　陸邦烈撰

論語傳注二卷　大學傳注一卷　中庸傳注一卷　傳注問一卷
　　李塨撰

四書反身錄六卷　續補一卷　李容撰

辟雍講義一卷　大學講義一卷　中庸講義一卷　楊名時撰

雜說　無卷數。焦袁熹撰

考定石經大學經傳解一卷　邱嘉穗撰

中庸本旨二卷　朱謹撰

大學本文一卷　大學古本一卷　中庸本文一卷　大學困學錄
　一卷　中庸困學錄一卷　王澍撰

成均講義　無卷數。孫嘉淦撰

五華纂訂四書大全十四卷　孫見龍撰

四書纂言　無卷數。王士陵撰

大學偶言一卷　張文燮撰

成均課講學庸　無卷數。讀孟子劄記　無卷數。論語温知錄二卷
　崔紀撰

四書參注　無卷數。王植撰

菜根堂劄記十二卷　夏力恕撰

中庸解一卷　任大任撰

四書錄疑三十九卷　陳綽撰

四書本義匯參四十五卷　王步青撰

鼇峯講義四卷　潘思榘撰

論語說二卷　桑調元撰

四書約旨十九卷　任啟運撰

翼藝典略十卷　蕭正發撰

讀大學中庸日錄二卷　康呂賜撰

江漢書院講義十卷　功述其父心敬之論。　王功編

四書說注卮詞十卷　胡在角撰

四書順義解十九卷　劉琴撰

四書就正錄十九卷　四書晰疑　無卷數。陳鋐撰

虹舟講義二十卷　李祖惠撰

四書句讀釋義十九卷　范凝鼎撰

四書講義尊聞録二十卷　戴鉉撰

四書窮鈔十六卷　王國瑚撰

古本大學解二卷　劉醇驥撰

雜說八卷　不著撰人名氏。

　右四書類存目五十四部五百五十六卷。　內十部無卷數。

古樂經傳五卷　李光地撰

古樂書二卷　應撝謙撰

聖諭樂本解說二卷　皇言定聲録八卷　竟山樂録四卷　毛奇
　齡撰

李氏學樂録二卷　李塨撰

樂律表微八卷　胡彥昇撰

律呂新論二卷　律呂闡微十卷　江永撰

琴旨二卷　王坦撰

　右樂類著録十部四十五卷。

大成樂律一卷　孔貞瑄撰

律呂新書衍義一卷　呂夏音撰

律呂圖說九卷　王建常撰

鍾律陳數一卷　顧陳垿撰

樂經內編二十卷　張宣猷撰

律呂新書注三卷　周模撰

廣和録二卷　何夢瑤撰

易律通解八卷　沈光邦撰

樂律古義二卷　童能靈撰

大樂元音七卷　潘士權撰

律呂新書箋義二卷　附　八音考略一卷　羅登選撰

律吕圖説一卷　　張紫芝撰

音律節略考一卷　　潘繼善撰

黄鍾通韻二卷　　都四德撰

樂原　<small>無卷數，不著名氏，自題囂囂子撰。</small>

律吕纂要二卷　<small>不著撰人名氏。</small>

　　右樂類存目十六部六十三卷。　<small>内一部無卷數。</small>

字詁一卷　　黄生撰

續方言二卷　　杭世駿撰

別雅五卷　　吴玉搢撰

　　右小學類訓詁之屬著録三部八卷。

爾雅補注六卷　　姜兆錫撰

越語肯綮録一卷　　毛奇齡撰

連文釋義一卷　　王言撰

　　右小學類訓詁之屬存目三部八卷。

篆隸考異二卷　　周靖撰

隸辨八卷　　顧藹吉撰

説文繫傳考異四卷　附録一卷　　汪憲撰

古音駢字續編五卷　　<small>《古音駢字》，明楊慎撰。</small>**莊履豐　莊鼎鉉**同撰

　　右小學類字書之屬著録四部二十卷。

別本干禄字書二卷　<small>是書卷端加以考證，其題炎武案者，當爲顧炎武語。亦有不標姓名者，疑即奇介所加。《干禄字書》，唐顏元孫撰。</small>**魏裔介刊**

正字通十二卷　<small>是書或題明張自烈撰，或題自烈、文英同撰，蓋自烈之書文英掩爲</small>

己有。其前列國書十二字母，則文英所加也。**廖文英撰**

廣金石韻府五卷　林尚葵　李根同撰

他山字學二卷　錢邦芑撰

六書準四卷　馮調鼎撰

六書通十卷　閔齊伋撰

韻通表一卷^①　石鼓文定本二卷　劉凝撰

黃公説字^②　無卷數。顧景星撰

字彙補六卷　是書補梅膺祚《字彙》，原編附韻書明陳藎謨《元音統韻》條内，今移置。**吳任臣撰**

讀書正音四卷　吳震方撰

篆文纂要四卷　陳策撰

字辨七卷　熊文登撰

六書分類十二卷　傅世垚撰

説文廣義十二卷　程德治撰

篆字彙十二卷　佟世男編

鐘鼎字源五卷　汪立名編

天然窮源字韻九卷　姜日章撰

六書辨通五卷　六書例解一卷　附　六書雜説一卷　八分書辨一卷　楊錫觀撰

五經字學考五卷　成端人撰

六經字便　無卷數。劉臣敬撰

字學正本五卷　李京撰

字學同文四卷　衛執穀撰

文字審一卷　不著撰人名氏。

————————

① "通"，《總目》作"原"。

② "説字"，原作"字説"，據《總目》及《存目叢書》影印清鈔本本書題名改。

右小學類字書之屬存目二十五部一百三十二卷。　内二部無
　　卷數。

音論三卷　詩本音十卷　易音三卷　唐韻正二十卷　古音表
　　二卷　韻補正一卷　顧炎武撰

古今通韻十二卷　易韻四卷　毛奇齡撰

唐韻考五卷　紀容舒撰

古韻標準四卷　江永撰

右小學類韻書之屬著録十部六十四卷。

古韻通八卷　柴紹炳撰

古韻叶音六卷　佐同録五卷　楊慶撰

聲韵叢説一卷①　韻問一卷　韻學通指一卷　韻白一卷　毛先
　　舒撰

韻統圖説　無卷數。耿人龍撰

韻藂一卷　徐世溥撰

詩韻更定五卷　吳國縉撰

聲韻源流考　無卷數。萬斯同撰

諧聲品字箋　無卷數。虞德升撰

類音八卷　潘耒撰

韻學要指十一卷　毛奇齡撰

韻雅五卷　施何牧撰

古音正義一卷　等切元音十卷　熊士伯撰

古今韻表新編五卷　仇廷模撰

八矢注字圖説一卷　八矢注者,書分八門。譬字爲的,以八矢注之也。顧陳垿撰

聲韻圖譜　無卷數。錢人麟撰

---

①　“韵”,原作“音”,據《總目》及《存目叢書》影印清康熙刻《昭代叢書》本本書題名改。

類字本意　<small>無卷數。</small>莫宏勳撰

韻學臆説一卷　韻學五卷　王植撰

五方元音二卷　樊騰鳳撰

詩經叶韻辨譌八卷　劉維謙撰

詩傳叶音考三卷　吳起元撰

四聲切韻表一卷　江永撰

本韻一得二十卷　龍爲霖撰

音韻源流五十卷　潘咸撰

韻歧四卷　江昱撰

音韻清濁鑑三卷　王祚禎撰

聲韻發源圖解一卷[①]　潘遂先撰

　　右小學類韻書之屬存目三十一部一百六十八卷。　<small>內五部無卷數。</small>

---

① “韻”，《總目》作“音”。

卷三

史部

讀史記十表十卷　汪越撰　徐克范補

史記疑問一卷　邵泰衢撰

三國志補注六卷　　附　諸史然疑一卷　杭世駿撰

遼史拾遺二十四卷　厲鶚撰

　　右正史類著録四部四十二卷。

五代史志疑四卷　楊陸榮撰

　　右正史類存目一部四卷。

資治通鑑後編一百八十四卷　徐乾學撰

竹書統箋十二卷　徐文靖撰

通鑑胡注舉正一卷　_{胡謂胡三省。}綱目訂誤四卷　陳景雲撰

綱目分注拾遺四卷　芮長恤撰

　　右編年類著録五部二百五卷。

考定竹書十三卷　孫之騄撰

通鑑綱目釋地糾繆六卷　補注六卷　張庚撰

皇王史訂四卷　李學孔撰

此木軒紀年略五卷　焦袁熹撰

讀史綱要一卷　王植撰

右編年類存目五部三十五卷。

綏寇紀略十二卷　<small>紀明末流寇。</small>**吳偉業撰**

明史紀事本末八十卷　**谷應泰撰**

滇考二卷　**馮甦撰**

繹史一百六十卷　**馬驌撰**

左傳紀事本末五十三卷　**高士奇撰**

平臺紀略十一卷^①　附　東征集六卷　<small>紀康熙辛丑平定臺灣逆寇朱一貫事。</small>**藍鼎元撰**

　　右紀事本末類著錄六部三百二十四卷。

三藩紀事本末四卷　<small>紀福王、唐王、桂王事。</small>**楊陸榮撰**

　　右紀事本末類存目一部四卷。

歷代史表五十三卷　**萬斯同撰**

後漢書補逸二十一卷　**姚之駰撰**

春秋戰國異辭五十四卷　通表二卷　摭遺一卷　**陳厚耀撰**

尚史一百七卷　<small>此書《總目》有，《簡明目錄》未載。</small>**李鍇撰**

　　右別史類著錄四部二百三十八卷。

明書一百七十一卷　**傅維鱗撰**

廿二史紀事提要八卷　**吳綏撰**

春秋紀傳五十一卷　**李鳳雛撰**

讀史津逮四卷　**潘永圜撰**

季漢五志十二卷　**王復禮撰**

————————

① “略”，原缺，據《四庫全書》本書題名及《總目》補。

半窗史略四十二卷　龍體剛撰

晋記六十八卷　郭倫撰

遼大臣年表一卷　金大臣年表一卷　不著撰人名氏。

　　右別史類存目八部三百五十八卷。

戰國策去毒二卷　陸隴其編

平叛記二卷　記崇禎四年叛兵李九成等攻圍萊州事。毛霦撰

平寇志十二卷　記明末羣盗之亂至國朝順治十八年止。李確撰

明倭寇始末一卷　谷應泰撰

見聞隨筆二卷　馮甦撰

安南使事記一卷　李仙根撰

交山平寇本末三卷　附　詩一卷　詳文一卷　書牘一卷　記交
城知縣趙吉士勦賊事。夏駰撰

平閩記十三卷　記康熙十七年勦鄭成功事。楊捷撰

師中紀績一卷　記福建水師提督萬正色戰功。王得一撰

武宗外紀一卷　記明武宗事九十四條。後鑒録七卷　記明代盗賊之事。毛
奇齡撰

封長白山記一卷　記康熙十六年敕封長白山事。方象瑛撰

辦苗紀略八卷　記康熙十四年勦湖南紅苗事。俞益謨撰

遜代陽秋二十八卷　記明惠帝事蹟。余美英撰

二申野録八卷　記明代妖異事。始洪武元年戊申，終崇禎十七年甲申，故以“二
申”爲名。孫之騄撰

衡湘稽古五卷　其書起五帝，迄於周昭王。王萬澍撰

　　右雜史類存目十六部九十八卷。

張襄壯奏疏六卷　是集爲勇子雲翼所編。張勇撰

靳文襄奏疏八卷　是集爲輔子治豫所編。靳輔撰

華野疏藁五卷　郭琇撰

　　右奏議類著録三部十九卷。

真定奏疏附刻一卷　《真定奏疏》，執蒲父明監察御史楨固巡按真定時撰。執蒲
　　編父《疏》，遂以己《疏》附刻其後。**衛執蒲撰**

文襄公奏疏十五卷　附　年譜一卷　《年譜》乃淄川唐夢賚所編。**李之**
　　芳撰

郝恭定集五卷　郝惟訥撰

清忠堂奏議　無卷數。**朱宏祚撰**

西臺奏議一卷　京兆奏議一卷　附　曲徒録一卷　《曲徒録》乃東明
　　劉祚昌集其劾吳三桂逆蹟疏也。**楊素藴撰**

大觀堂文集三卷　余縉撰

疏藁一卷　胡文學撰

存菴奏疏　無卷數。徐越撰

楊黃門奏疏　無卷數。此編乃雍建官給事中時作，故以"黃門"爲名。**撫黔奏**
　　疏八卷　楊雍建撰

于山奏牘七卷　附　詩詞一卷　于成龍撰

平岳疏議一卷　平海疏議一卷　附　平海咨文一卷　師中小
　　札一卷　平岳謂征吳三桂事。平海謂提督福建水師時，平海壇及金厦兩島事。
　　萬正色撰

督漕疏草二十二卷　董訥撰

奏議藁　無卷數。**江蘩撰**

撫豫宣化録四卷　田文鏡撰

河防疏略二十卷　朱之錫撰　以上專集。

奏議稽詢四十四卷　仿歷代名臣奏議而作，自周訖明，分六十六門。**曹本榮**
　　編　以上總集。

　　右奏議類存目十七部一百三十九卷。　內四部無卷數。

聖門志考略二卷　不著撰人姓氏。書中自稱其名曰渭，又稱康熙八年以廷對留京，則國朝人也。

闕里廣志二十卷　宋際　宋慶長同撰①

三遷志十二卷　孟衍泰　王特選　仲蘊錦同撰

孟子生卒年月考一卷　閻若璩撰

孔子年譜五卷　楊方晃撰

至聖編年世紀二十四卷　李灼　黃晟同編

洙泗源流　無卷數，不著撰人名氏。

　　　　右傳記類聖賢之屬存目七部六十四卷。　內一部無卷數。

寧海將軍固山貝子功績録一卷　不著撰人名氏。記惠獻貝子富喇塔平定浙東事。

朱子年譜四卷　考異四卷　附録二卷　王懋竑撰

　　　　右傳記類名人之屬著録二部十一卷。

遜志齋外紀續集二卷　紀方孝履殉難事，《外紀》本明上元姚履旋撰。**項亮臣撰**

羅江東外紀三卷　江東，五代羅隱也。**閔元衢撰**

賀監紀略四卷　記唐賀知章遺文軼事及題詠之作。**聞性善曁其弟性道同編**

姑山事録八卷　述明末宣城賢良方正沈壽民劾楊嗣昌、熊文燦事。肅公、名齊皆其門人也。**吳肅公　杜名齊同撰**

謝皋羽年譜一卷　沁嘗刊宋謝翱《晞髮集》，因爲是譜。**徐沁撰**

寧海將軍固山貝子保越平閩實績一卷　不著撰人名氏，紀惠獻貝子富喇塔討逆藩耿精忠事。**保台實蹟録一卷**　不著撰人名氏，紀台州兵巡道射洪、

_____

①　"宋"，原缺，"總目"同，據《存目叢書》影印清康熙十三年刻本本書題名補。下同。

楊應魁政績。

楊公政績記一卷　記明嘉興知府陽城楊繼宗事蹟。**黃家遴撰**

楊文靖年譜二卷　文靖，宋楊時諡。**張夏撰**

忠武誌八卷　紀蜀漢丞相諸葛亮始末。**張鵬翩撰**

周忠介公遺事　無卷數，述明周順昌忤璫被逮本末。**彭定求撰**

訂補二程年譜二卷　《年譜》本明吏部郎中澄海唐元伯撰。**朱子年譜一卷
附錄一卷　黃中撰**

王文成集傳本二卷　奇齡與明王守仁同郡，故爲作傳，上諸史館，後佚其半，其子
遠宗補成之。**毛奇齡撰**

梅里志四卷　《史記正義》謂吳泰伯居梅里，在常州無錫縣東南。存禮以吳氏出自
泰伯，因爲是書，以述祖德。**吳存禮撰**

朱子年譜六卷　朱世潤編

陸象山年譜二卷　象山，宋陸九淵號也。**李紱撰**

考訂朱子世家一卷　江永撰

左忠毅年譜二卷　忠毅，左光斗諡。宰，其曾孫也。**左宰編**

胡忠烈遺事四卷　紀明建文末大理寺少卿胡閏遺事。**史珏編**

朱子文公傳道經世言行錄八卷　舒敬亭撰

曹江孝女廟志十卷　紀漢孝女曹娥事。**沈志禮撰**

　　右傳記類名人之屬存目二十二部七十四卷　內一部無卷數。

明儒學案六十二卷　黃宗羲撰

中州人物考八卷　孫奇逢撰

東林列傳二十四卷　陳鼎撰

儒林宗派十六卷　萬斯同撰

**明儒言行錄十卷　續錄二卷　沈佳撰　史傳三編五十六卷
朱軾撰**

閩中理學淵源考九十二卷　李清馥撰

右傳記類總録之屬著録七部二百七十卷。

崇禎五十宰相傳一卷　曹溶撰

五十輔臣編年録殘本一卷　不著撰人名氏，疑亦曹溶所撰。

歷代循良録一卷　孫蕙撰

古人幾部六卷　陳允衡撰

歷代黨鑑五卷　徐賓撰

孔庭神在録八卷　胡時忠撰

畿輔人物志二十卷　四朝人物略六卷　四朝，謂漢、唐、宋、明也。益智

　録二十卷　孫承澤撰

顧氏譜系考一卷　顧炎武撰

檇李往哲續編一卷　原書，明戚元佐撰。項玉筍撰①

金華徵獻略二十卷　王崇炳撰

聖學知統録二卷　聖學知統翼録二卷　魏裔介撰

希賢録五卷　朱顯祖撰

洛學編四卷　湯斌撰

續表忠記八卷　《表忠記》，明錢士升撰。趙吉士撰

天中景行集　無卷數。天中，謂中州。景行者，其名宦鄉賢也。邵燈撰

中州道學編二卷　補編一卷　耿介編

古懽録八卷　王士禛撰②

大成通志十八卷　楊慶撰

續高士傳五卷　高兆撰

理學備考三十四卷　范鄗鼎撰

---

① "筍"，原作"笥"，據《總目》及 2001 年齊魯書社出版《四庫全書存目叢書補編》（以下簡稱《補編》）影印清康熙退圃刻本本書題名改，下同。

② "禛"原作"禎"，《總目》同，據《存目叢書》影印清初刻本本書題名改。"禛"係避雍正諱，今回改，下同。

勝朝彤史拾遺記六卷　毛奇齡撰

留溪外傳十八卷　陳鼎撰

明儒林錄十九卷　張恒撰

雒閩源流錄十九卷　張夏撰

錫山宦賢考略三卷　張夏　胡永禔同撰

吳越順存集三卷　外集一卷　允嘉本姓錢，吳越王之裔，故紀其逸事世系以
傳。吳允嘉撰

道南正學編三卷　錢肅潤撰

又尚集二卷　何屬乾撰

聖宗集要八卷①　費緯祹撰

卓行錄四卷　黃容撰

荊門耆舊紀略三卷　列女紀略一卷　胡作柄撰

學統五十六卷　熊賜履撰

道統錄二卷　附錄一卷　伊洛淵源續錄二十卷　《伊洛淵源錄》本朱
子書，明謝鐸續，伯行又續之。張伯行撰

道南源委六卷　張伯行編

嘉禾徵獻錄四十六卷　盛楓撰

人瑞錄一卷　記康熙二十七年直省奏報壽民，凡三十七萬有奇。孔尚任撰

修史試筆二卷　藍鼎元撰

道學淵源錄一卷　王植撰

節婦傳十五卷　楊錫紱撰

黌祀紀蹟十卷　康偉然撰

關學編五卷　王心敬撰

蜀碧四卷　記張獻忠殘蜀始末。彭遵泗撰

---

①　"宗"，原作"學"，據《存目叢書》影印清康熙四十九年依庸堂刻本本書題名及
《總目》改。

閩學志略十七卷　李清馥撰

太學典祀彙考十四卷　張璿撰

循良前傳約編四卷　張先嶽撰

學宮輯略六卷　余丙撰

吉州人文紀略二十六卷　郭景昌編

孝史十卷　錢尚衡撰

　　右傳紀類總錄之屬存目五十二部五百一十五卷。内一部無
　　卷數。

閩粤巡視紀略六卷　杜臻撰

扈從西巡日錄一卷　康熙癸亥扈從五臺時作。松亭行紀二卷　康熙辛酉
扈從出喜峯口作，其地爲古松亭關，故名。高士奇撰

　　右傳記類雜錄之屬著錄三部九卷。

南征紀略二卷　順治辛卯，奉使祭告禹陵及南海作。孫廷銓撰

李贄一卷　爲真定推官時作。推官古稱司李，故以命題。胡文學撰

蜀道驛程記二卷　康熙壬子爲四川正考官時作。南來志一卷　康熙甲子，
奉使祭告南海時作。北歸志一卷　自南海告假歸里時作。秦蜀驛程後記
二卷　康熙丙子，奉使祭告西岳、西鎮江瀆時作。王士禎撰

粤游日記一卷　王鉞撰

使琉球記一卷　張學禮撰

治禾紀略五卷　此編知嘉興府時作。盧崇興撰

粤西偶記一卷　陸祚蕃撰

海岱日記一卷　張榕端撰

何御史孝子祠主復位錄一卷　蕭山舊有德惠祠，祀宋縣令楊時、明尚書魏驥。
後御史何舜賓以清釐侵佔被禍，其子競殺身復讐，亦得祔祀。歲久祠圮，修復者僅入
楊、魏二主，奇齡議以何氏父子主復入，魏氏子孫遂與奇齡互愬於官，此其公牘也。

毛奇齡撰

滇行日記二卷　是編乃澄中典試雲南時作。**李澄中撰**

塞程別紀一卷　記自京出古北口至喀爾倫行程。**余寀撰**

塞北小鈔一卷　康熙癸亥，扈從北巡至鞍匠屯，遘疾而返，記往來所經。**高士奇撰**

滇遊記一卷　附記一卷　日澤父忠告官雲南布政司參議，此其省親時作。**畢日澤撰**

滇行紀程一卷　續鈔一卷　東還紀程一卷　續鈔一卷　**許纘曾撰**

南征紀程一卷　此叔璥巡視臺灣時作。**黃叔璥撰**

鹿洲公案二卷　此鼎元知普寧縣時所讞獄也。**藍鼎元撰**

念貽膡記一卷　張獻忠寇長沙，時宣智祖繼聖聚鄉勇自守。獻忠招以偽職，不從。殺其母妻并斷繼聖腕，後卒破賊復仇。總督何騰蛟上其功，授教授。宣智哀其狀爲是書。**周宣智撰**

東遊紀略二卷　是編乃體乾東游泰山所作。**張體乾撰**

　　右傳紀類雜録之屬存目二十一部三十五卷。

劉豫事蹟一卷　是編本楊克弼《僞齊傳》作。**曹溶撰**

　　右傳記類別録之屬存目一部一卷。

南史識小録八卷　北史識小録八卷　**沈名蓀　朱昆田同編**

　　右史鈔類著録一部十六卷。

讀史蒙拾一卷　**王士禄編**

史緯三百三十卷　**陳允錫撰**

兩晉南北集珍六卷　**陳維崧撰**

　　右史鈔類存目三部三百三十七卷。

十國春秋一百十四卷　吳任臣撰

右載記類著録一部一百十四卷。

南唐拾遺記一卷　毛先舒撰

十六國年表一卷　張愉曾撰

中山沿革志二卷　是編乃梯册封琉球國王時作。汪楫撰

十六國年表二十二卷　孔尚質撰

右載記類存目四部二十六卷。

古今類傳歲時部四卷　書分天、地、人、物四門。此乃天部中之一種，蓋未成之書也。董穀士暨其弟炳文同編

節序同風録　無卷數。孔尚任撰

時令彙紀十六卷　餘日事文四卷　朱潹編

右時令類存目三部二十四卷。　内一部無卷數。

天下郡國利病書一百二十卷　顧炎武撰

增訂廣輿記二十四卷　原書爲明陸應暘撰。蔡方炳撰

閲史津逮　無卷數。朱約淳撰

歷代輿地徵信編殘本六卷　錢邦寅撰

山河兩戒考十四卷　徐文靖撰

古今約説　無卷數。邵元龍撰

右地理類總志之屬存目六部一百六十四卷。　内二部無卷數。

畿輔通志一百二十卷

江南通志二百卷

江西通志一百六十二卷

浙江通志二百八十卷

福建通志七十八卷

湖廣通志一百二十卷

河南通志八十卷

山東通志三十六卷

山西通志二百三十卷

陝西通志一百卷

甘肅通志五十卷

四川通志四十七卷

廣東通志六十四卷

廣西通志一百二十八卷

雲南通志三十卷

貴州通志四十六卷　皆雍正七年各省督撫奉諭監修。

歷代帝王宅京記二十卷　　顧炎武撰。

　　右地理類都會郡縣之屬著錄十七部一千七百九十一卷。

海昌外志　無卷數。海昌，吳郡名。　談遷撰

西寧志七卷　　蘇銑撰

續安邱志二十五卷　　原《志》爲馬文煒撰。　王訓撰

永平府志二十四卷　　宋琬撰

杞紀二十二卷　　以安邱爲杞國地，採史傳之有關於杞者，作是紀。　張貞撰

杭志三詰三誤辨一卷　　三詰、三誤皆辨《杭州舊志》而作。　毛奇齡撰

蕭山縣志刊誤三卷　　是書《簡明目録》載在著錄書内，末著撰人名氏。

臺灣紀略一卷　　林謙光撰

登封縣志十卷　　張聖誥撰

琅鹽井志四卷　　沈鼐撰

師宗州志二卷　　管檽撰

遼載前集二卷　　載盛京故事。　林本裕撰

揚州府志四十卷　　張萬壽撰

河套志六卷　陳履中撰

湖南通志二百七十四卷　_{乾隆二十一年，巡撫陳宏謀監修。}

續河南通志八十卷　_{乾隆三十一年，巡撫阿思喀監修。}

澳門記略二卷　印光任　張汝霖同撰

　　右地理類都會郡縣之屬存目十七部四百三卷。　内一部無
　　卷數。

水經注集釋訂譌四十卷　沈炳巽撰

水經注釋四十卷　刊誤十二卷　趙一清撰

崑崙河源考一卷　萬斯同撰

兩河清彙八卷　薛鳳祚撰

居濟一得八卷　張伯行撰

治河奏績書四卷　附　河防述言一卷　靳輔撰

直隸河渠志一卷　陳儀撰

行水金鑑一百七十五卷　傅澤洪撰

水道提綱二十八卷　齊召南撰

海塘録二十六卷　_{爲浙江海塘而作。}　翟均廉撰

　　右地理類河渠之屬著録十部三百四十四卷。

河紀二卷　孫承澤撰

具區志十六卷　_{具區師太湖。}　翁澍撰

北河續記八卷　閻廷謨撰

河防芻議六卷　崔維雅撰

新劉河志一卷　婁江志二卷　_{婁江舊名劉河。順治十二年，太倉知州白登明}
　_{開新河，士璉佐其役，州人名之曰新劉河。}　顧士璉撰

山東全河備考四卷　葉方恒撰

明代河渠考　_{無卷數。}萬斯同撰

今水經一卷　黃宗羲撰

明江南治水記一卷　陳士鑛撰

湘湖水利志三卷　湘湖在蕭山縣。**毛奇齡撰**

東南水利八卷　沈愷曾撰

治水要議一卷　孫宗彝撰

蕭山水利書初集二卷　明富玹撰。**來鴻雯重訂**　續集一卷　三集

　三卷　張文瑞編　附集一卷　文瑞子學懋編

治河前策二卷　後策二卷　馮祚泰撰

水鑑六卷　郭起元撰

安瀾文獻一卷　沈光曾撰

　　右地理類河渠之屬存目十六部七十一卷。　內一部無卷數。

海防述略一卷　杜臻撰

延綏鎮志六卷　譚吉璁撰

蠻司合志十五卷　紀明代土司始末。**毛奇齡撰**

江防總論一卷　海防總論一卷　姜宸英撰

秦邊紀略四卷　不著撰人名氏。

　　右地理類邊防之屬存目五部二十八卷。

西湖志纂十二卷　乾隆十六年大學士梁詩正、禮部尚書沈德潛等奏進。

　　右地理類山川之屬著録一部十二卷。

重訂廬山紀事十二卷　原書明桑喬撰。**范祝撰**

重修麻姑山志十七卷　原書明左宗郢撰。**何天爵　邱時彬同撰**

太平三書十二卷　三書者，一圖畫，二勝蹟，三風雅也。此本佚其圖畫一卷。

　張萬選編

乍浦九山補志十二卷　九山者，雅山、苦竹山、湯山、觀山、龍湫山、曇頂山、高公

山、蓋山、獨山也。　　李碻撰

昌平山水記二卷　昌平州,隸順天府。　　顧炎武撰

黃山志七卷　山在歙縣境。　閔麟嗣撰

麻姑山丹霞洞天志十七卷　　山在撫州府。羅森撰

峨眉山志十八卷　山在眉州。蔣超撰

峨眉志略一卷　張能鱗撰

浯溪考二卷　溪在祁陽縣。　長白山録一卷　補遺一卷　山在鄒平縣。

　　王士禎撰

鼓山志十二卷　山在福州府。　僧元賢撰

恒嶽志三卷　山在渾源州。　張崇德撰

七星巖志十六卷　巖在高要縣。　韓作棟撰

峨眉山志十八卷　曹熙衡撰

龍唐山志五卷　山在昌化縣。　僧性制撰

寶華山志十卷　山在句容縣。　僧德基撰

廬山通志十二卷　僧定嵩撰①

四明山志九卷　黃宗羲撰

四明山古蹟記五卷　不著撰人名氏,疑即黃宗羲《志》稿。

西湖夢尋五卷　張岱撰

穹窿山志六卷　山在蘇州府。　李標撰

百城煙水九卷　徐崧　張大純同編

蝝磯山志二卷　山在蕪湖縣。柯願撰

嶽麓志八卷　山在善化縣。　趙寧撰

說嵩三十二卷　嵩嶽廟史十卷　景日昣撰

雞足山志十卷　山在雲南賓川州。　范承勳撰

普陀山志十五卷　山在定海縣。　朱謹　陳璿同撰

---

① "嵩",《總目》作"崶",下同。

湘山志八卷　<small>山在全州。</small>　徐泌撰

林屋民風十二卷　<small>林屋爲洞庭西山之別名。</small>　王維德撰

廬山志十五卷　毛德琦撰

玉華洞志六卷　<small>洞在將樂縣。</small>　陳文在撰

羅浮山志十二卷　<small>山在博羅縣。</small>　陶敬益撰

羅浮山志會編二十二卷　宋廣業撰

羅浮外史　<small>無卷數。</small>　錢以塏撰

惠陽山水紀勝四卷　吳騫撰

西樵志六卷　<small>西樵山在南海縣。</small>　馮符録撰①

武夷九曲志十六卷　<small>山在福建崇安縣。</small>　王復禮撰

西湖志四十八卷　傅王露撰

太嶽太和山紀略八卷　<small>山在鄖陽府。</small>　王概撰

峽石山水志一卷　<small>峽石鎮在海寧縣，境有兩山竝峙，東曰審山，西曰紫微。</small>

　　蔣宏任撰

雁山圖志　<small>無卷數。山在山陰縣。</small>　僧實行撰

金井志四卷　<small>金井在烏程縣之黃龍山。</small>　姜虬綠撰②

泰山道里記一卷　聶鈫撰③

峽川志一卷　<small>峽川即峽石鎮。</small>　潘廷章撰

西湖覽勝志十四卷　夏基撰

南湖紀略藁六卷　<small>湖在杭州府</small>　邱峻撰

　　右地理類山水之屬存目四十八部四百七十三卷。　<small>内二部</small>
　　<small>無卷數。</small>

<small>①　“録”，原作“禄”，據《存目叢書》影印清康熙自刻本本書題名及《總目》改，下同。</small>

<small>②　“綠”，原缺，據《存目叢書》影印清乾隆刻本本書題名及《總目》補，下同。</small>

<small>③　“鈫”，原作“欽”，據《存目叢書》影印清乾隆杏雨山堂刻本本書題名及《總目》改，下同。</small>

江城名蹟二卷 <small>是書載南昌古蹟。</small>　陳宏緒撰

營平二州地名記一卷 <small>記永平府故實，凡六卷，佚其五。</small>　顧炎武撰

金鼇退食筆記二卷 <small>記禁城舊制</small>　高士奇撰

石柱記箋釋五卷 <small>唐顔真卿有《石柱記》殘本，在湖州杼山。朱彝尊補之，元慶爲</small>
　之箋釋。　鄭元慶撰

關中勝蹟圖志三十二卷 <small>乾隆四十一年，巡撫畢沅奏進。</small>

　　　右地理類古蹟之屬著録五部四十二卷。

靈隱寺志八卷　孫治撰　徐增重編

滄浪小志二卷 <small>滄浪亭在蘇州，宋蘇舜卿遺址。</small>　宋犖撰

杏花村志十二卷 <small>杜牧詩有杏花村句，土人指一村以實之，遂因爲是志。</small>　郎
　遂撰

二樓小志四卷 <small>記寧國府治南北樓事。</small>　程元愈撰　汪越　沈廷璐
　補輯

青原志略十三卷 <small>青原在吉州。</small>　僧大然撰　施閏章補輯

崇恩志略七卷 <small>崇恩寺在廬陵縣。</small>　僧智藏撰

江心志十二卷 <small>江心寺在溫州府永嘉江中。</small>　僧元奇撰

白鹿書院志十六卷 <small>白鹿洞在南康府。</small>　廖文英撰

靈谷寺志十六卷 <small>寺在江寧鍾山之左。</small>　吳雲撰

白鹿書院志十九卷　毛德琦撰

通玄觀志二卷① <small>觀在錢塘縣。</small>　吳陳琰撰

孔宅志六卷 <small>孔宅在青浦縣治之北。</small>　諸紹禹撰

丹霞洞天志十七卷　蕭韻撰

武林志餘三十二卷 <small>記杭州古蹟。</small>　張曜撰

———————

　　① “玄”，原作“元”，《總目》同，據《存目叢書》影印清康熙刻本本書題名改，下同。
“元”係避康熙諱，今回改。

東林書院志二十二卷　高崟　高隆　高廷珍　高陞　許獻
　同撰

增修雲林寺志八卷　<small>寺即杭州靈隱，康熙中賜今名。</small>　厲鶚撰

宋東京考二十卷　<small>宋東京，今祥符縣。</small>　周城撰

鵝湖講學會編十二卷　<small>鵝湖在鉛山縣。</small>　鄭之僑撰。

　　右地理類古蹟之屬存目十八部二百二十八卷。

顏山雜記四卷　<small>山在益都縣顏神鎮。</small>孫廷銓撰

嶺南風物記一卷　吳綺撰　宋俊增補　江闓删訂

閩小紀四卷　<small>是書《總目》未載，據《簡明目錄》增入。</small>　周亮工撰

臺海使槎錄八卷　<small>乃叔璥爲御史時，巡視臺灣時作。</small>　黃叔璥撰

龍沙紀略一卷　<small>乃式濟省父澄嶧於黑龍江作。</small>　方式濟撰

東城雜記二卷　<small>杭州城東有宋故園，記其軼事。</small>　厲鶚撰

　　右地理類雜記之屬著錄五部十六卷，增入一部四卷。

山東考古錄一卷　京東考古錄一卷　譎觚一卷　<small>同時有樂安李煥章</small>
　<small>僞稱與炎武書，駁正地理十事，故炎武作是書辨之。</small>　顧炎武撰

天府廣記四十四卷　<small>記京畿事實。</small>　孫承澤撰

四州文獻摘鈔四卷　<small>四州，謂潞、澤、遼、沁也。</small>　畢振姬撰　司昌齡
　摘鈔

甌江逸志一卷　<small>紀溫州事實。</small>　勞大輿撰

粵述一卷　<small>是編乃敘督學廣西時作。</small>　閔敘撰

星餘筆記一卷　<small>知西寧時，記其風土物產，取巫馬期戴星之義，名曰星餘。</small>　王
　鉞撰

中州雜俎三十五卷　汪价撰

湖壖雜記一卷　<small>續田藝衡《西湖志餘》而作。</small>　陸次雲撰

姑孰備考八卷　<small>乃修《太平府志》未成之稿。</small>　夏之符撰

臺灣記略一卷　李麟光撰①

海表奇觀八卷　鈔撮《瓊州府志》而作。　牛天宿撰

江南星野辨一卷　葉燮撰

嶺南雜記二卷　乃震方客遊廣東時作。　吳震方撰

臺灣隨筆一卷　徐懷祖撰

燕臺筆隨一卷②　項惟貞撰

神州古史考一卷　方輿通俗文一卷　是書止録杭州一府，蓋未成之本。

　　倪璠撰

西粵對問　無卷數。　江德中撰

潯陽蹠醢六卷　記九江一郡故實。　文行遠撰

蜀都碎事六卷　陳祥裔撰

續閩小紀一卷　續周亮工之書而作。　黎定國撰

嶺海見聞四卷　錢以塏撰

南漳子二卷　南漳湖近之驛故居，因以自號，紀一鄉之故實。　孫之騄撰

　　右地理類雜記之屬存目二十四部一百三十三卷。　內一部無卷數。

廣州游覽小志一卷　祭告南海時作。　王士禛撰

天下名山記鈔　無卷數。　吳秋士編

泰山紀勝一卷　孔貞瑄撰

匡廬紀游一卷　吳闡思撰

滇黔紀游二卷　陳鼎撰

玉山遺響六卷　山在泰和縣。　張貞生撰

蒼洱小記一卷　乃日澥省父忠告於雲南時作。　畢日澥撰

　　右地理類游記之屬存目七部十二卷。　內一部無卷數。

---

① "李麟"，《總目》同，《存目叢書》影印清康熙刻《説鈴》本作"季麟"。

② "隨"，《總目》作"録"。

坤輿圖説二卷　所記多海外之談。　南懷仁撰

異域録一卷　記奉使由喀爾喀、俄羅斯至土爾扈特道路所經，康熙五十四年奏進。
圖理琛撰

海國聞見録二卷　倫炯少隨父昂任福建、廣東，熟聞海道。又歷任濱海諸地，故
以平生聞見著爲此書。　陳倫炯撰

　　右地理類外紀之屬著録三部五卷。

別本坤輿外紀一卷　即南懷仁書之節本。

西方要紀一卷　利類思　安文思　南懷仁同撰

洱海叢談一卷　僧同揆撰

八紘譯史四卷　紀餘四卷　記荒外諸國古事。　八紘荒史一卷　峒
豀纖志三卷①　志餘一卷　記諸苗種類風俗。　陸次雲撰

安南紀游一卷　潘鼎珪撰

海外紀事六卷　記大越國風土。　僧大汕撰

連陽八排風土記八卷　記連山猺俗。八排者，猺獠所居，以竹木爲柵，謂之排
也。　李來章撰

中山傳信録六卷　乃葆光册封琉球時作。　徐葆光撰

楚南苗志六卷　乃汝霖爲湖南永綏同知時作。　段汝霖撰

　　右地理類外紀之屬存目十一部四十三卷。

歷代銓選志一卷　此定遠官吏部文選司郎中時作。　袁定遠撰

歷代宰輔彙考八卷　萬斯同撰

銓政論略一卷　蔡方炳撰

文武金鏡律例指南十六卷　凌銘麟撰

---

① "豀"，《總目》作"谿"。

南臺舊聞十六卷 _{記御史典故。}　**黃叔璥撰**

　　右職官類官制之屬存目五部四十二卷。

政学録五卷　鄭端撰

爲政第一編八卷　孫鋐撰①

百僚金鑑十二卷　牛天宿撰

　　右職官類官箴之屬存目三部二十五卷。

元朝典故編年考十卷　孫承澤撰

　　右政書類通制之屬著録一部十卷。

幸魯盛典四十卷 _{康熙二十三年,衍聖公孔毓圻等撰進。}

萬壽盛典一百二十卷 _{康熙五十二年,内廷諸臣撰進。}

南巡盛典一百二十卷 _{乾隆三十五年,大學士管兩江總督高晉等撰進。}

八旬萬壽盛典一百二十卷 _{乾隆五十四年,大學士阿桂等撰進。是書《總目》}

_{有,《簡明目録》未載。}

歷代建元考十卷　鍾淵映撰

北郊配位議一卷　毛奇齡撰

廟制圖考一卷　萬斯同撰

　　右政書類典禮之屬著録七部四百一十二卷。

學典三十卷　孫承澤撰

文廟從祀先賢先儒考一卷　郎廷極撰

頖宮禮樂全書十六卷　張安茂撰

琉球入太學始末一卷　國朝諡法考一卷　王士禎撰

---

　　①　"鋐",原作"絃",據《總目》及《存目叢書》影印清康熙刻本本書題名改。

辨定嘉靖大禮議二卷　制科雜録一卷　毛奇齡撰

彙征録一卷　不著撰人名氏。記康熙十七年薦舉博學鴻詞名氏、爵里及御試中選
人數次第。

國學禮樂録二十四卷　李周望　謝履忠同撰

紀元彙考三十五卷　黃叔琳撰①

聖門禮樂統二十四卷　張行言撰

學宮備考十卷　彭其位撰

四譯館考十卷　太常紀要十五卷　江蘩撰

紀元要略二卷　補遺一卷　陳景雲撰

歷代帝系年號二十卷　劉宗魏撰

右政書類典禮之屬存目十六部一百九十四卷。

捕蝗考一卷　陳芳生撰

荒政叢書十卷　俞森編

右政書類邦計之屬著録二部十一卷。

淮鹺本論二卷　胡文學撰

明漕運志一卷　曹溶撰

蘇松歷代財賦考一卷　不著撰人名氏。

歷代山澤征稅記一卷　彭寧求撰

左司筆記二十　是編乃曝官户部時作。　吳暻撰

泉刀匯纂　無卷數。　邱峻撰

錢録十二卷　張端木撰

右政書類邦計之屬存目七部三十七卷。　內一部無卷數。

---

① “叔”,《總目》無此字。

歷代武舉考一卷　譚吉璁撰

右政書類軍政之屬存目一部一卷。

浮梁陶政志一卷 記江西景德鎮官窯始末。 **吳允嘉撰**

右政書類考工之屬存目一部一卷。

千頃堂書目三十二卷　黄虞稷撰

經義考三百卷　朱彝尊撰

右目録類經籍之屬著録二部三百三十二卷。

讀書敏求記四卷　述古堂書目 無卷數。 **錢曾撰**

讀書蕞殘三卷　别本讀書蕞殘二卷　王鈸撰

明藝文志五卷　尤侗撰

易傳辨異四卷 記自漢至元諸家注《易》源流得失。 **翟均廉撰**

右目録類經籍之屬存目六部十八卷。 内一部無卷數。

求古録一卷　金石文字記六卷　石經考一卷　顧炎武撰

石經考一卷　萬斯同撰

來齋金石考三卷　林侗撰

嵩陽石刻集記二卷　葉封撰

觀妙齋金石文考略十六卷① **李光暎撰**

分隸偶存二卷　萬經撰

淳化祕閣法帖考正十二卷　竹雲題跋四卷　王澍撰

金石經眼録一卷　褚峻摹圖　牛運震補説

石經考異二卷　杭世駿撰

---

① “文”字下原衍“字”字，據《四庫全書》本書題名及《總目》删。

右目録類金石之屬著録十二部五十一卷。

禊帖綜聞一卷　胡世安撰

金石表一卷　曹溶撰

閒者軒帖考一卷　孫承澤撰

天發神讖碑釋文一卷　<small>碑爲吳天璽元年刻，元代移置江寧府學。</small>　周在

浚撰

昭陵六駿贊辨一卷　瘞鶴銘辨一卷　張弨撰

瘞鶴銘考一卷　汪士鋐撰

金石遺文録十卷　陳奕禧撰

續金石録　<small>無卷數。</small>　葉萬撰

金石續録四卷　劉青藜撰

中州金石考八卷　黃叔璥撰

石蹟記一卷　<small>不著撰人名氏。</small>

金石圖二卷　褚峻摹圖　牛運震補説

右目録類金石之屬存目十三部三十二卷。　<small>內一部無卷數。</small>

史通通釋二十卷　<small>是書原編在唐劉知幾《史通》後，今移置。</small>　浦起龍撰

右史評類著録一部二十卷。

綱鑑附評二卷　劉善撰

漢史億二卷　孫廷銓撰

論世八編十二卷　華慶遠撰

歷代甲子考一卷　黃宗羲撰

鑑語經世編二十七卷　魏裔介撰

讀史吟評一卷　史評辨正四卷　黃鵬揚撰

讀史矕疑十卷　張彥士撰

史折三卷　續一卷　賀裳撰

澂景堂史測十四卷　施鴻撰

垂世芳型十三卷　金維寧撰

資治通鑑述　無卷數。　陳詵撰

通鑑大感應録二卷　秦鏡撰

讀史辨惑　無卷數。　王建衡撰

史論初集　無卷數。　朱直撰

詩史十二卷　四言史徵十二卷　即《詩史》。曹荃爲之注釋，改題此名。

　　葛震撰

班范肪截四卷　五代史肪截四卷　張篤慶撰

史通訓故補二十卷　是書原編在明王維儉《史通訓故》後，今移置。　黄叔

　　琳撰

增定史韻四卷　附　讀史小論一卷　仲宏道撰

十七史論九卷　年表一卷　夏敦仁撰

芝壇史案五卷　張鵬翼撰

史學正藏五卷　宋士宗撰

讀史評論六卷　費宏灝撰

十七朝史論一得一卷　郭倫撰

石溪史話八卷　劉鳳起撰①

唐鑑偶評四卷　周池撰

　　　右史評類存目二十八部一百八十八卷。　内三部無卷數。

---

① “鳳”，《總目》同，《存目叢書》影印清乾隆刻本本書題名作“風”。

卷四

子部

正學隅見述一卷　王弘撰撰

思辨録輯要三十五卷　陸世儀撰　张伯行辑

雙橋隨筆十二卷　周召撰

讀朱隨筆四卷　三魚堂賸言十二卷　松陽鈔存二卷　陸隴
其撰

榕村語録三十卷　注解正蒙二卷　李光地撰

讀書偶記三卷　雷鋐撰

正蒙初義十七卷　王植撰

近思録集注十四卷　茅星來撰

近思録集注十四卷　江永撰

右儒家類著録十二部一百四十六卷。

藤陰劄記　無卷數。　學約續編十四卷　考正晚年定論二卷　《朱
子晚年定論》,明王守仁撰。　明辨録二卷　孫承澤撰

聖學入門書　無卷數。　陳瑚撰

學言二卷　白允謙撰

此菴語録十卷　胡統虞撰

歲寒居答問二卷　附録一卷　孫奇逢撰

理學傳心纂要八卷　孫奇逢撰　漆士昌補

潛室劄記二卷　刁包撰

張界軒集八卷　　張時爲撰

性圖一卷　　黄采撰

學案一卷　　王甡撰

存性編二卷　　存學編四卷　　存治編一卷　　存人編四卷　　顔元撰

教民恒言一卷　　致知格物解二卷　　周程張朱正脈 _{無卷數。}　　論性書二卷　　約言録二卷　　魏裔介撰

續近思録二十八卷　　鄭光義撰

朱子聖學考略十卷　　朱澤澐撰

廣祀典議一卷　　吳肅公撰

二程學案二卷　　黄宗羲撰　　其子百家續

讀書質疑二卷　　從欲録十卷[①]　　王錟撰 _{《總目》云："錟有《宗譜纂要》已著録"，檢史部、子部皆未載是書。}

臆言四卷　　朱顯祖撰

儒宗理要二十九卷　　張能鱗撰

理學辨一卷　　王庭撰

常語筆存一卷　　湯斌撰

理學要旨 _{無卷數。}　　耿介撰

朱子學歸二十三卷　　鄭端編

溯流史學鈔二十卷　　張沐撰

閑道録三卷　　下學堂劄記三卷　　熊賜履撰

性理譜五卷　　蕭企昭撰

大儒粹語二十八卷　　顧棟高編 _{此顧棟高與無錫顧棟高同姓名。}

紫陽大旨八卷　　秦雲爽撰

會語支言四卷　　陸鳴鼇撰

---

① "從欲"，《總目》作"欲從"。

性理大中二十八卷　應撝謙撰

慎助編二卷①　蔡方炳編

體獨私鈔四卷　王劉異同五卷 王、劉,謂王守仁、劉宗周。　黃百
家撰

學述辨一卷　問學録一卷　陸隴其撰

信陽子卓録八卷　張鵬翮撰

王學質疑一卷　附録一卷　張烈撰

太極圖説遺議一卷　毛奇齡撰

教習堂條約一卷　徐乾學撰

萬世玉衡録四卷　蔣伊撰

儒門法語 無卷數。　彭定求編

三子定論五卷 三子,朱、陸、王也。　王復禮撰

正修録三卷　齊治録三卷　于準撰

家語正義十卷　孔叢子正義五卷　姜兆錫撰

太極圖説論十四卷　王嗣槐撰

太極集注一卷　孫子昶撰

太極圖説注解 無卷數。陳兆成撰

太極解拾遺一卷　通書解拾遺一卷　後録一卷　西銘解拾遺
一卷　後録一卷　正蒙集解九卷　李文炤撰

周子疏解四卷　王明弼撰

濂關三書 無卷數。三書,《太極圖説》、《通書》、《西銘》也。　王植撰

二程語録十八卷　濂洛關閩書十九卷　張伯行編

小學集解六卷　續近思録十四卷　學規類編二十七卷　性理正
宗四十卷　廣近思録十四卷　困學録集粹八卷　張伯行撰

---

① “編”,原作“録”,據《存目叢書》影印清康熙刻息關三述本本書題名及《總目》
改。

理學正宗十五卷　竇克勤編

大學辨業四卷　聖經學規纂二卷　論學二卷　小學稽業五卷　李塨撰

性理纂要八卷　天理主敬圖一卷　冉覲祖撰

程功錄五卷　楊名時撰

嵩陽學凡六卷　景日昣撰

續小學六卷　葉鈴編

心印正說三十四卷　吳台碩撰

尊道集四卷　朱霈撰

近思續錄四卷　冷語三卷　讀書日記六卷　劉源淥撰

性理辨義二十卷　王建衡撰

靜用堂偶編十卷　涂天相撰

廣字義三卷　黃叔敬撰

朱子晚年全論八卷　陸子學譜二十卷　李紱撰

學舫　無卷數。　吳雲撰

白鹿洞規條目二十卷　集程朱格物法一卷　集朱子讀書法一卷　王澍撰

經書性理類輯精要錄六卷　王士陵撰

謀道續錄二卷　旭先有《謀道錄》，故此稱續錄。　譚旭撰

讀周子劄記　無卷數。　崔纪撰

知非錄一卷　鄧鍾岳撰

餘山遺書十卷　勞史撰

虛谷遺書三卷　何國材撰

筆記二卷　程大純撰

日省編一卷　馮昌臨撰

程書五十一卷　程湛編

小學集解六卷　黃澄撰

朱子語類纂十三卷　王鉞编

朱子文語集編十四卷　不著編輯人名氏。

大學衍義輯要六卷　大學衍義補輯要十二卷　《大學衍義》，宋真德秀撰。《大學衍義補》，明邱濬撰。　呂子節録四卷　補遺二卷　節録明呂坤《呻吟語》。　陳宏謀編

載道集六十卷　許焞撰

恥亭遺書十卷　周宗濂撰

棉陽學準五卷　藍鼎元撰

女學六卷　藍鼎元編

張子淵源録十卷　張鏐編

女教經傳通纂二卷　任啓運撰

聖學輯要二卷　潘繼善撰

躬行實踐録十五卷　桑調元撰

朱子爲學考三卷　理學疑問四卷　童能靈撰

讀書小記三十一卷　范爾梅撰

南阿集二卷　康吕賜撰

淑艾録十四卷　下學編十四卷　祝洤撰

東莞學案　無卷數。闢陳建《學蔀通辨》而作。建，東莞人，故曰東莞學案。　吳鼎撰

逸語十卷　曹庭棟撰

困勉齋私記四卷　閻循觀撰

思通集二卷　隨意吟一卷　秦望撰

敘天齋講義四卷　竇文炳撰

明儒講學考一卷　程嗣章撰

業儒臆説一卷　陶圻撰

砭身集六卷　劉鳴珂撰

愚齋反經録十六卷　謝王寵撰

講學二卷　祖銘録其師嘉興李培講學語。　　陳祖銘編

三立編十二卷　王梓編

性理析疑十五卷　蔡洛撰

童子問一卷　敬義録一卷　黄文澍撰

理解體要二卷　黄爲鶚撰

讀白鹿洞規大義五卷　任德成撰

朱子書要　無卷數,不著編輯人名氏。

　　右儒家類存目一百三十七部一千九十六卷。　　内十一部無卷數。

握機經解一卷　《握機經》即《握奇經》,舊題風后作,或以爲太公之文。　　王暾撰

孫子彙徵四卷　鄭端撰

武經體注大全會解七卷　夏振翼撰

兵鏡十一卷　鄧廷羅撰

武備志略五卷　傅禹撰

歷代車戰敘略一卷　張泰交撰

練閲火器陳紀一卷　記江南提督張雲翼演教礮弩之事。　　薛熙撰

　　右兵家類存目七部三十卷。

折獄巵言一卷　陳士鑛撰

巡城條約一卷　風憲禁約一卷　魏裔介撰

讀律佩觿八卷　王明德撰

續刑法敘略一卷　譚瑄撰

疑獄箋四卷　《疑獄集》,後晉和凝撰。　　陳芳生撰

　　右法家類存目六部十六卷。

梭山農譜三卷　<small>梭山，應棠所居之地。</small>　劉應棠撰

豳風廣義三卷　楊屾撰

　　右農家類存目二部六卷。

金匱要略論注二十四卷　<small>《金匱要略》，漢張機撰。</small>　徐彬撰

聖濟總録纂要二十六卷　<small>《聖濟録》，宋政和中敕編。</small>　程林編

尚論篇八卷　醫門法律十二卷　附　寓意草四卷　喻昌撰

傷寒舌鑑一卷　張登撰

傷寒兼證析義一卷　張倬撰

絳雪園古方選注三卷　附　得宜本草一卷　王子接撰

續名醫類案六十卷　魏之琇撰

神農本草經百種録一卷　蘭臺軌範八卷　傷寒類方一卷　醫
　　學源流論二卷　徐大椿撰

　　右醫家類著録十二部一百五十二卷。

證治大還四十三卷　陳治撰

馬師津梁八卷　<small>門人姜思吾輯，故題曰馬師。</small>　馬元儀撰

張氏醫通十六卷　傷寒纘論二卷　緒論二卷　本經逢原四卷
　　診宗三昧一卷　張璐撰

石室秘録六卷　陳士鐸撰

李氏醫鑑十卷　續補二卷　李文來編

醫學彙纂指南八卷　端木縉撰

濟陰綱目十四卷　武之望撰　汪淇箋釋

保生碎事一卷　汪淇撰

釋骨一卷　沈彤撰

醫學求真録總論五卷　黃宮繡撰

成方切用十四卷　傷寒分經十卷　吳儀洛撰

醫貫砭二卷　《醫貫》，明趙獻可撰。　　徐大椿撰

臨證指南醫案十卷　葉桂撰

得心錄一卷　李文淵撰

傷寒論條辨續注十二卷　鄭重光撰

醫津筏一卷　江之蘭撰

素問懸解十三卷　靈樞懸解九卷　難經懸解二卷　傷寒懸解十五卷　傷寒意説十一卷①　金匱懸解二十二卷　長沙藥解四卷　長沙，謂漢張機。　四聖心源十卷　四聖，謂黃帝、岐伯、秦越人、張機也。　四聖懸樞四卷　素靈微藴四卷　玉楸藥解四卷　黃元御撰

難經經釋二卷　徐大椿撰②

圖注脈訣四卷　附方一卷　張世賢撰

　　右醫家類存目三十三部二百七十八卷。

曉庵新法六卷　王錫闡撰

中星譜一卷　胡亶撰

天經或問前集四卷　游藝撰

天步真原一卷　天學會通一卷　薛鳳祚撰

曆算全書六十卷　大統曆志八卷　附錄一卷

勿庵曆算書記一卷　梅文鼎撰

中西經星同異考一卷③　梅文鼎撰

全史日至源流三十二卷　許伯政撰

算學八卷　續一卷　江永撰

---

①　“意説”，《總目》作“説意”。

②　“徐大椿撰”，原缺，據《總目》及《存目叢書》影印清同治光緒間刻黃氏遺書三種本本書題名補。

③　“經星”，原作“星經”，據《總目》及《四庫全書》本書題名改。

右天文算法類推步之屬著錄十一部一百二十五卷。

天經或問後集　<small>無卷數。</small>　　游藝撰

璇璣遺述七卷　<small>是書一名《寫天新語》。</small>　　揭暄撰

秦氏七政全書　<small>無卷數。</small>　　秦文淵撰

曆算叢書六十二卷　梅文鼎撰　其孫瑴成重定

萬青樓圖編十六卷　邵昂霄撰

八線測表圖説一卷　余熙撰

右天文算法類推步之屬存目六部八十六卷。　<small>內二部無卷數。</small>

幾何論約七卷　<small>《幾何原本》西洋人歐几里得撰。</small>　　數學鑰六卷　杜知
耕撰

數度衍二十四卷　附錄一卷　方中通撰

句股引蒙五卷　陳訏撰

句股矩測解原二卷　黃百家撰

少廣補遺一卷　陳世仁撰

莊氏算學八卷　莊亨陽撰

九章錄要十二卷　屠文漪撰

右天文算法類算書之屬著錄八部六十六卷。

句股述二卷　陳訏撰

隱山鄙事四卷　李子金撰

圍徑真旨　<small>無卷數。</small>　　顧長發撰

右天文算法類算書之屬存目三部六卷。　<small>內一部無卷數。</small>

皇極經世書解十四卷　王植撰

右術數類數學之屬著錄一部十四卷。

太玄別訓五卷　劉斯組撰

皇極經世考三卷　徐文靖撰

洪範皇極增注四卷　是書明李經綸注，本名曰《範數觀通》，佚爲增注改名。

　湯倓撰

皇極數鈔二卷　陶成撰

洪範皇極補六卷　劉世衡撰①

易範同宗録　無卷數。　李灝撰

洪範補注五卷　潘士權撰

衍範二卷　顧昌祚撰

畫前易衍　無卷數。　徐燦撰

濬元十六卷　張必剛撰

洪範圖説四卷　舒俊鯤撰

演極圖説四卷　秦錫淳撰

　　右術數類數學之屬存目十二部五十一卷。　内二部無卷數

天文大成管窺輯要八十卷　黃鼎撰

　　右術數類占候之屬存目一部八十卷。

畫筴圖一卷　撼龍經一卷　《撼龍經》舊題唐楊筠松撰。余真如解，光熙爲删

補其説。　孫光熙撰

定穴立向開門放水墳宅便覽要訣四卷　梅自實撰

山法全書十九卷　葉泰撰

尚書天地圖説六卷　潘成撰

　　右術數類相宅相墓之屬存目四部三十一卷。

---

① “衡”，《總目》作“衢”，《題名録》有江西永新人劉世衢，可能即爲此人，下同。

卜法詳考四卷　胡煦撰

　　右術數類占卜之屬著録一部四卷。

易冒十卷　程良玉撰

　　右術數類占卜之屬存目一部十卷。

禽遁七元成局書十四卷　汪漢謀編

陳子性藏書十二卷　陳應選撰

　　右術數類陰陽五行之屬存目二部二十六卷。

庚子銷夏記八卷　庚子乃順治十六年。　**孫承澤撰**

書畫記六卷　是書《總目》未載，據《簡明目録》增入。　**吳其貞撰**

繪事備考八卷　王毓賢撰

書法正傳十卷　馮武撰

江村銷夏録三卷　高士奇撰

式古堂書畫彙考六十卷　卞永譽撰

南宋院畫録八卷　厲鶚撰

六藝之一録四百六卷　續編十二卷　倪濤撰

小山畫譜二卷　鄒一桂撰

傳神秘要一卷　蔣驥撰

　　右藝術類書畫之屬著録九部五百一十八卷，增入一部
六卷。

研山齋墨蹟集覽一卷　法書集覽三卷　是書即《庚子銷夏記》之藁本。
　孫承澤撰

研山齋圖繪集覽三卷　不著撰人名氏，自署退翁，蓋亦孫承澤撰。

無聲詩史七卷　姜紹書撰

書學彙編十卷　　萬斯同撰

畫法年紀一卷　　郭礎撰

草韻彙編二十六卷　　陶南望編

石村畫訣一卷　　孔衍栻撰

歷代畫家姓氏韻編七卷　　顧仲清撰

漢溪書法通解八卷　　戈守智撰

國朝畫徵録三卷　　續録二卷　　張庚撰

月湖讀畫録一卷　　王樑撰

豔雪齋書品二卷　　畫苑二卷　　筆墨紙硯譜一卷　不著撰人名氏。

　　右藝術類書畫之屬存目十二部七十八卷。

松風閣琴譜二卷　　附　抒懷操一卷　　程雄撰

琴譜合璧十八卷　取明楊掄《太古遺音》譯爲此本。　　和素編

　　右藝術類琴譜之屬著録二部二十一卷。

操縵録十卷　　胡世安撰

溪山琴況一卷　　徐祺撰

琴學心聲一卷①　　莊臻鳳撰

琴談二卷　　程允基撰

琴學内篇一卷　　外篇一卷　　曹庭棟撰

　　右藝術類琴譜之屬存目五部十六卷。

印人傳三卷　是書《總目》未載，據《簡明目録》增入。　　周亮工撰

印典八卷　　朱象賢撰

　　右藝術類篆刻之屬著録一部八卷，增入一部三卷。

---

　① 　《總目》同，《存目叢書》影印清康熙刻本作《琴學心聲諧譜》。

印存初集二卷　印存元覽二卷　胡正言撰

　　右藝術類篆刻之屬存目一部四卷。

雪堂墨品一卷　是書在黃州作，故題曰雪堂。　張仁熙撰

漫堂墨品一卷　怪石贊一卷　宋犖撰

曹氏墨林二卷　曹素功編

觀石後錄一卷　其時，高兆有《觀石錄》，故曰後錄。　毛奇齡撰

漢甘泉宮瓦記一卷　林佶撰

　　右譜錄類器物之屬存目六部七卷。

續茶經三卷　附錄一卷　陸廷燦撰

　　右譜錄類食譜之屬著錄一部四卷。

茶史二卷　劉源長撰

酒部彙考十六卷　不著撰人名氏。

居常飲饌錄一卷　曹寅撰

　　右譜錄類食譜之屬存目三部十九卷。

異魚圖贊箋四卷　《異魚圖贊》，明楊慎撰。　異魚圖贊補三卷　閏集一卷　胡世安撰

　　右譜錄類草木鳥獸蟲魚之屬著錄二部八卷。

蓺菊志八卷　陸廷燦撰

茶花譜三卷　不著撰人名氏。

竹譜一卷　陳鼎撰

箋卉一卷　吳崧撰

苔譜六卷　汪憲撰

倦圃蒔植記三卷　曹溶撰

北墅抱甕錄一卷　高士奇撰

名花譜一卷　不著撰人名氏，自題西湖居易主人。

畫眉筆談一卷　記養畫眉鳥之事。　陳均撰

晴川蟹錄四卷　後錄四卷　孫之騄撰

蛇譜一卷　陳鼎撰

烏衣香牒四卷　春駒小譜二卷　《烏衣》記燕事，《春駒》記蝶事。陳邦彥撰

　　右譜錄類草木鳥獸蟲魚之屬存目十二部四十卷。

唐集輯要　無卷數。集爲明唐樞所撰，《講學》、《論治》、《澄道》、《闡性》凡四篇。
　　王表正編

息齋藏書十二卷　裴希度撰

衡書三卷　唐大陶撰

新婦譜一卷　論爲婦承順之道。　陸圻撰

格物問答三卷　螺峯説錄一卷　聖學真語二卷　毛先舒撰

蒙訓一卷　潛齋處語一卷　楊慶撰

理學就正言十卷　祝文彥撰

聖學大成　無卷數。　孫鐘瑞編

拳拳錄二卷　顏巷錄一卷　晚聞錄一卷①　李衷燦撰

柏鄉魏氏傳家錄二卷　附　家約一卷　魏裔介撰

勸世恒言一卷　不著撰人名氏，題曰崑林刪訂。崑林，魏裔介之別號也。

萬世太平書十卷　勞大輿撰

龍巖子集十二卷　李丕則撰

---

①　“錄”，《總目》作“篇”。

唾居隨録四卷　張貞生撰

圖書秘典一隅解一卷 一隅解，其子煓之詮也。**張沐撰**

潛書四卷[①] **唐甄撰**

五倫懿範八卷 不著撰人名氏，自題曰天台鹿門子。

天方典禮擇要解二十卷[②] 智，本回回裔。天方，彼國別稱也。 **劉智撰**

進善集 無卷數。 **張天柱撰**

懿言日録一卷　二録一卷　續録一卷　别録一卷　附　禮闈分校日記一卷　七規一卷　王喆生撰

方齋補莊 無卷數。 **方正瑗撰**

公餘筆記二卷　張文炳撰

容膝居集雜録六卷　葛芝撰

苕西問答一卷 學孔録其師羅爲賡講學語。 **吴學孔編**

續箋山房集略十八卷　鄭道明撰

頤庵心言一卷　喬大凱撰

聖學逢源録十八卷　金維嘉撰

右雜家類雜學之屬存目三十二部一百五十三卷。內四部無卷數。

日知録二十二卷　顧炎武撰

義府二卷　黄生撰

藝林彙考二十四卷　沈自南撰

潛邱劄記六卷　閻若璩撰

湛園札記四卷　姜宸英撰

白田雜著八卷　王懋竑撰

---

① "書"，原作"禱"，據《存目叢書》影印清康熙王聞遠刻本本書題名及《總目》改。

② "要"，原作"與"，據《存目叢書》影印清康熙四十九年楊斐菉刻本本書題名及《總目》改。

義門讀書記五十八卷　是編乃維均記其師何焯校正諸書之文。義門，焯自號也。　**蔣維均編**

樵香小記二卷　何琇撰

管城碩記三十卷　徐文靖撰

訂譌雜録十卷　胡鳴玉撰

識小編二卷　董豐垣撰

　　右雜家類雜考之屬著録十一部一百六十八卷。

菰中隨筆三卷　**救文格論一卷**　**雜録一卷**　顧炎武撰

別本潛邱劄記六卷　是本乃若璩孫學林編。　閻若璩撰

修潔齋閒筆四卷　劉墍撰

天香樓偶得十卷　虞兆溁撰

言鯖二卷　呂種玉撰

事物考辨六十二卷　周象明撰

天録識餘二卷　高士奇撰

畏壘筆記四卷　徐昂發撰

古今釋疑十八卷　方中履撰

螺江日記八卷　張文虤撰

知新録三十二卷　王棠撰

西圃叢辨三十二卷　田同之撰

經史問五卷　郭植撰

掌録二卷　陳祖范撰

　　右雜家類雜考之屬存目十五部一百九十二卷。

春明夢餘録七十卷　孫承澤撰

書影十卷　是書《總目》未載，據《簡明目録》增入。　周亮工撰

居易録三十四卷　**池北偶談二十六卷**　**香祖筆記十二卷**　**古**

　　夫于亭雜錄六卷　分甘餘話四卷　王士禎撰
　　右雜家類雜說之屬著錄六部一百五十二卷，增入一部
十卷。

春寒閒記一卷　盧世㴶撰
山居代膺一卷　不著撰人名氏，蓋明末人入國朝後作。
棗林雜俎　無卷數。　談遷撰
讀書偶然錄十二卷　程正揆撰
見聞記憶錄五卷　余國楨撰
餘庵雜錄三卷　陳恂撰
冬夜箋記一卷　王崇簡撰
樗林三筆五卷　魏裔介撰
雕邱雜錄十八卷　梁清遠撰
蔣說二卷　蔣超撰
雲谷臥餘二十卷　續八卷　張習孔撰
蒿菴閒話二卷　張爾岐撰
暑窗臆說二卷　王鉞撰
聽潮居存業十卷　原良撰
匡林二卷　毛先舒撰
庸言錄　無卷數。　姚際恒撰
筠廊偶筆二卷　二筆二卷　宋犖撰
二樓紀略四卷　佟賦偉撰
介軒遺筆二卷　史既濟撰
復堂雜說一卷　竹村雜記二卷　史白撰
山志六卷　王弘撰撰
尚論持平二卷、析疑待正二卷、事文標異一卷　陸次雲撰
在園雜志四卷　劉廷璣撰

妙貫堂餘譚六卷　裘君弘撰[①]

東山草堂邇言六卷　邱嘉穗撰

蓉槎蠡説十二卷　程哲撰

道驛集四卷　張祖年撰

讀書隨記一卷　續記一卷　剩語一卷　不著撰人名氏，自題湖上逸人。

卮壇對問六卷　江德中撰

經史慧解六卷　蔡含生撰

任庵語略　無卷數。　王建衡撰

嶺西雜録二卷　後海堂雜録二卷　王孝詠撰

南村隨筆六卷　陸廷燦撰

枝語二卷　孫之馬撰

諤崖脞説五卷　章楷撰

書隱叢説十九卷　袁棟撰

然疑録六卷　顧奎光撰

瀟湘聽雨録八卷　江昱撰

經史筆記　無卷數。　潘繼善撰

毛氏殘書三種　無卷數。三種，《理學》《儒學》《史學》也。　毛羽宸撰

榴園管測五卷　王元復撰

數馬堂答問二十卷　黃名甌撰

鈍根雜著四卷　周池撰

　　右雜家類雜説之屬存目四十五部二百四十二卷。　內五部無卷數。

韻石齋筆談二卷　姜紹書撰

七頌堂識小録一卷　劉體仁撰

---

　　① “君弘”，原作“若宏”，《總目》同，據《存目叢書》影印清康熙刻本本書題名改，下同。“宏”，係避乾隆諱，今回改。

研山齋雜記四卷　不著撰人名氏。研山，孫承澤齋名，其孫烱亦以研山名其齋，此書疑即烱撰。

右雜家類雜品之屬著錄三部七卷。

研山齋珍玩集覽　無卷數。　　**孫烱撰**

老老恒言五卷　曹庭棟撰

初學藝引二十三卷　李仕學撰

右雜家類雜品之屬存目三部二十八卷。　內一部無卷數。

元明事類鈔四十卷　姚之駰撰

右雜家類雜纂之屬著錄一部四十卷。

豐暇觀頤四卷　不著撰人名氏。

懿行編八卷　李瀅撰

無事編二卷　項真撰

葉書一卷　黃生撰

倫史五十卷　成克鞏撰

多識集十二卷　**雅説集十九卷**　**佳言玉屑一卷**　**牛戒續鈔三卷**　《牛戒彙鈔》乃順治初奉敕頒行，故是鈔題曰續。　**希賢錄十卷**　**資塵新聞七卷**　魏裔介撰

嗜退庵語存十卷　嚴有穀撰

勝飲編一卷　郎廷極撰

經世名言十二卷　蘇宏祖撰

寄園寄所寄十二卷　趙吉士撰

擇執錄十二卷　王家啓撰

壽世秘典十八卷　丁其譽撰

同歸集十六卷　吳調元撰

聞鐘集　無卷數。　勞大輿撰

遂生集十二卷　王暐撰

畜德録二十卷　席啓圖撰

四本堂座右編二十四卷　朱潮遠撰

敦行録二卷　張鵬翮撰

學仕要箴五卷　張圻編

秦氏閨訓新編十二卷　秦雲爽撰

庸行編八卷　牟允中撰

人道譜　無卷數。　閔忠撰

讀書樂趣八卷　伍涵芬撰

硯北雜録　無卷數。　黃叔琳撰

孝史類編十卷　黃齊賢編

經術要義四卷　高元標撰

查浦輯聞二卷　查嗣瑮撰

會心録四卷　孔尚任撰

範家集略六卷　範身集略八卷[①]　秦坊撰

閑家編八卷　王士俊撰

訓俗遺規五卷　陳宏謀編

學統存二十四卷　宋士宗撰

權衡一書四十一卷　王植撰

多識類編二卷　曹昌言撰

養知録八卷　紀昭撰

閑家類纂二卷　彭紹謙撰

課業餘談三卷　陶煒撰

福壽陽秋　無卷數。　魏博撰

---

① “略”，原缺，據《存目叢書》影印同治十年重刻本本書題名及《總目》補。

言行彙纂十卷　王之鈇撰

諸儒檢身録一卷　令狐亦岱撰

心鏡編十卷　譚文光撰

子苑一百卷　不著撰人名氏。

　　右雜家類雜纂之屬存目四十八部五百三十七卷。　內四部無卷數。

鈍吟雜録十卷　馮班撰

　　右雜家類雜編之屬著録一部十卷。

學海類篇①　無卷數。　曹溶編

莊屈合詁無卷數。　錢澄之撰

楊園全書三十四卷　張考夫遺書五卷　張履祥撰

竹裕園筆語十二卷　李日滌撰

昭代叢書一百五十卷　張潮編

丹麓雜著十種十卷　王晫撰

秘書廿一種一百五卷　汪士漢編

檀几叢書五十卷　王晫　張潮同編

政學合一集　無卷數,不著編輯人名氏。

檢心集十四卷　閔則哲撰

　　右雜家類雜編之屬存目十一部三百八十卷。　內三部無卷數。

編珠補遺二卷　續編珠二卷　《編珠》,隋杜公瞻撰。　高士奇編

格致鏡原一百卷　陳元龍撰

同書四卷　是書《總目》未載,據《簡明目録》增入。　周亮工撰

---

①　“篇”,《總目》同,清道光十一年六安晃氏木活字排印本作“編”。

讀書紀數略五十四卷　宮夢仁編

花木鳥獸集類三卷　吳寶芝撰

別號録九卷　葛萬里撰

宋稗類鈔三十六卷　是書《總目》有，《簡明目録》未載。　**潘永因編**

　　右類書類著録六部二百六卷，增入一部四卷。

類姓登科考六卷　不著撰人名氏。

典制紀略　無卷數。　孫承澤撰

經世篇十二卷　顧炎武撰

考古類編十二卷　柴紹炳撰

希姓補五卷　《希姓》二卷，明楊慎撰。　單隆周撰

廣羣輔録六卷　《聖賢羣輔録》，晉陶潛所作。　徐汾撰

氏族箋釋八卷　熊峻運撰

歷朝人物氏族會編十卷　尹敏撰

二酉彙删二十四卷　王訓撰

古今疏十五卷　朱虛撰

三才藻異三十三卷　屠粹忠撰

三才彙編四卷　龔在升撰

千家姓文一卷　崔冕撰

教養全書四十一卷　應撝謙撰

姓氏譜六卷　李氏類纂五十卷　李繩遠撰

韻粹一百七卷　朱彝尊撰

宮閨小名録四卷　後録一卷　尤侗撰

同姓名録八卷　王廷燦撰

古事苑十二卷　鄧志謨撰

行年録　無卷數。　魏方泰撰

石樓臆編五卷　周綸撰

五經類編二十八卷　周世樟編

同人傳四卷　_{亦同姓名録之類。}　陳祥裔撰

古事比五十三卷　_{記古事之相類者。}　方中德撰^①

政典彙編八卷　王芝藻撰

典引輯要十八卷　丁昌遂撰

廣事類賦四十卷　華希閔撰

根黄集十卷　_{取黄鍾爲萬事根本之意,名曰根黄。}　楊文源撰

三體摭韻十二卷　_{三體者,騷賦詩也。}　朱昆田撰

文獻通考節貫十卷　周宗濂撰

考古略八卷　考古原始六卷　_{文清有《考古源流》四百七十五卷,未及刊行,}
　_{二書皆其節本。}　王文清撰

春秋經傳類聯　_{無卷數。}　王繩曾撰

杜韓集韻三卷　汪文柏撰

古今記林二十九卷　汪士漢撰

古今捷録十卷　陳應麐撰

讀古紀源九卷　何懋永撰

經濟宏詞十二卷　汪學信撰

唐句分韻初集四卷　二集四卷　續集二卷　四集五卷　馬
　瀚撰

政譜十二卷　朱栗夷撰

是菴日記十四卷　楊擁編

類書纂要三十三卷　周魯撰

駢語類鑑四卷　周池撰

　　右類書類存目四十四部七百八卷。　_{内三部無卷數。}

---

　　① “中德”,原作“德中”,據《存目叢書》影印清康熙四十五年書種齋刻本本書題名
及《總目》改。

雲間雜記三卷　不著撰人名氏。

讀史隨筆六卷　陳忱撰

玉堂薈記一卷　楊士聰撰

庭聞州世說　無卷數。　宮偉鏐撰

客途偶記一卷　鄭與僑撰

玉劍尊聞十卷　梁維樞撰

明語林十四卷　吳肅公撰

明逸編十卷　鄒統魯撰

聞見集三卷　蔡憲陞撰

筇竹杖七卷　施男撰

今世說八卷　王晫撰

秋谷雜編三卷　金維寧撰

隴蜀餘聞一卷　皇華紀聞四卷　王士禎撰

硯北叢錄　無卷數。　黃叔琳撰

漢世說十四卷　章撫功編

過庭紀餘三卷　陶越撰

　　右小說家類雜事之屬存目十七部八十八卷。　內二部無卷數。

山海經廣注十八卷　吳任臣撰

　　右小說家類異聞之屬著錄一部十八卷。

蚓庵瑣語一卷　李王逋撰

矩齋雜記二卷　施閏章撰　冥報錄二卷　陸圻撰

雷譜一卷　金侃撰

史異纂十六卷　有明異叢十卷　傅燮詞撰

觚賸八卷　續編四卷　鈕琇撰

曠園雜志二卷　吳陳琰撰

述異記三卷　不著撰人名氏，自題東軒主人。

鄠署雜鈔十四卷　汪爲熹撰

果報見聞録一卷　楊式傳撰

信徵録一卷　徐慶撰

見聞録一卷　徐岳撰

簪雲樓雜記一卷　陳尚古撰

　　右小説家類異聞之屬存目十四部六十七卷。

豆區八友傳一卷　以製造菽乳，其名有八，各爲寓名以傳之，蓋游戲之作也。
　王著撰

筆史一卷　推衍韓愈《毛穎傳》而作。　楊忍本撰

板橋雜記三卷　記明末秦淮官妓。　余懷撰

　　右小説家類瑣語之屬存目三部六卷。

正宏集一卷　釋本果撰

南宋元明僧寶傳十五卷　續宋惠洪所撰《僧寶傳》而作。　釋自融撰
　其門人性磊補輯

現果隨録一卷　釋戒顯撰

　　右釋家類存目三部十七卷。

老子説略二卷　張爾岐撰

道德經注二卷　附　陰符經注一卷　徐大椿撰

　　右道家類著録二部五卷。

陰符經注一卷　參同契章句一卷　李光地撰

道德經編注二卷　胡與高撰

續道德經私記二卷^①　汪縉撰

道德經懸解二卷　黃元御撰

南華評注　<small>無卷數。</small>　張坦撰

莊子解三卷　吳世尚撰

南華通七卷　孫嘉淦撰

南華本義二卷　林仲懿撰

南華簡鈔四卷　徐廷槐撰

南華摸象記八卷　張世犖撰

參同契注二卷　陳兆成撰

古文周易參同契注八卷　袁仁林撰

古參同契集注六卷　劉吳龍撰

列仙通紀六十卷　薛大訓撰

真詮二卷　<small>不著撰人名氏。</small>

果山修道居誌二卷　葉鈴撰

得一參五七卷　姜中貞撰

萬壽仙書四卷　曹無極編

　　右道家類存目十九部一百二十三卷。　<small>内一部無卷數。</small>

---

① "續"，《總目》作"讀"。

卷五

集部

山帶閣注楚辭六卷　楚辭餘論二卷　楚辭説韻一卷　蔣驥撰
此蔣驥與金壇蔣驥同姓名。

右楚辭類著録一部九卷。

天問補注一卷　補朱子集注之遺。　**毛奇齡撰**

楚辭燈四卷　林雲銘撰

離騷經注一卷　九歌注一卷　李光地撰

離騷經解一卷　方楘如撰

離騷解一卷　楚辭九歌解一卷　讀騷列論一卷①　**顧成天撰**

離騷中正　無卷數。　**林仲懿撰**

屈騷心印五卷　夏大霖撰

楚辭新注八卷　屈復撰

楚辭章句七卷　劉夢鵬撰

右楚辭類存目十一部三十一卷。　內一部無卷數。

庾開府集箋注十卷　徐孝穆集箋注六卷　吳兆宜撰

庾子山集注十六卷　倪璠撰

李太白詩集注三十六卷　王琦撰

---

① "讀"，原作"離"，"列"，原作"別"，皆據《存目叢書》影印清乾隆六年刻本本書題名及《總目》改。

杜詩詳注二十五卷　附編二卷　仇兆鼇撰

王右丞集箋注二十八卷　附録二卷　趙殿成撰

韓集點勘四卷　陳景雲撰

白香山詩集四十卷　附　年譜二卷　汪立名編

李義山詩注三卷　附録一卷　朱鶴齡撰

李義山文集箋注十卷　徐樹穀箋　徐炯注

補注東坡編年詩五十卷　查愼行撰

梁谿遺藁一卷　宋尤袤有《梁谿集》五十卷，其書久佚。侗自以爲袤之後，裒集遺詩，編爲此本。　尤侗編

信天巢遺藁一卷　附　林湖遺藁一卷　江邨遺藁一卷　疏寮小集一卷　宋高翥有《菊磵集》二十卷，久佚，士奇其裔孫爲搜得遺詩一百八十九首。題曰信天巢者，翥之自名其居也。《林湖》爲翥姪鵬飛詩。《江邨》則翥父選叔邁之詩。《疏寮小藁》乃高似孫詩也。　高士奇編

右別集類編注之屬著録十三部二百四十卷。　案四庫編書例，注古人之書者，即以著書人時代爲次。今編國朝書目別集一類，例不追録古書，則注集之人無從附載。謹增編注一目，冠於別集之先，其次則仍以著書人爲先後。

諸葛丞相集四卷　朱璘編

陶詩箋五卷　邱嘉穗撰

陶詩彙注四卷　吳瞻泰撰

杜詩説十二卷　黃生撰

讀書堂杜詩注解二十卷　張溍撰

杜詩會粹二十四卷　張遠撰

杜詩論文五十六卷　吳見思撰

杜詩闡三十三卷　盧元昌撰　《總目》云“元昌有《左傳分國纂略》已著録”，檢經部春秋類無此書。

杜律疏八卷　紀容舒撰

讀杜心解六卷　浦起龍撰

樊紹述集注二卷　玉川子詩集注五卷　孫之騄撰

香山詩鈔二十卷　楊大鶴撰

西昆發微三卷　吳喬撰

李長吉歌詩彙解五卷　王琦撰

東坡養生集十二卷　王如錫編

朱子文集大全類編一百一十卷　朱玉編

剡源文鈔四卷　《剡源集》,元戴表元撰。　黄宗羲編

湯潛庵文集節要八卷　《潛庵文集》,國朝湯斌撰。　彭定求編

精華錄訓纂十卷　《精華錄》,王士禎撰　惠棟撰　以上二書《總目》編在湯
斌、王士禎集後,今設編注一目,移置於此。

　　右別集類編注之屬存目二十部三百五十一卷。

梅村集四十卷　吳偉業撰

湯子遺書十卷　附錄一卷　湯斌撰

兼濟堂文集二十卷　魏裔介撰

學餘堂文集二十八卷　詩集五十卷　外集二卷　施閏章撰

忠貞集十卷　范承謨撰

林蕙堂集二十六卷　吳綺撰

精華錄十卷　王士禎撰

堯峯文鈔五十卷　汪琬撰

午亭文編五十卷　陳廷敬撰

讀書齋偶存藁四卷　葉方藹撰

松桂堂全集三十七卷　延露詞三卷　南往集三卷　彭孫遹撰

曝書亭集八十卷　附錄一卷　朱彝尊撰

政書八卷　于成龍撰

愚菴小集十五卷　朱鶴齡撰

抱犢山房集六卷　嵇永仁撰

文端集四十六卷　張英撰

西河文集一百七十九卷　毛奇齡撰

陳檢討四六二十卷　陳維崧撰

蓮洋詩鈔十卷　吳雯撰

張文貞集十二卷　張玉書撰

西陂類稾三十九卷　宋犖撰

鐵廬集三卷　外集二卷　後録一卷　潘天成撰

湛園集八卷　姜宸英撰

古懽堂集三十六卷　附　黔書二卷　長河志籍考十卷　田
　雯撰

榕村集四十卷　李光地撰

三魚堂文集十二卷　外集六卷　附録一卷　陸隴其撰

因園集十三卷　趙執信撰

懷清堂集二十卷　湯右曾撰

二希堂文集十二卷　蔡世遠撰

敬業堂集五十卷　查慎行撰

望溪集八卷　方苞撰

存硯樓文集十六卷　儲大文撰

香屑集十八卷　是集皆集唐之作。　黃之雋撰

鹿洲初集二十卷　藍鼎元撰

樊榭山房集二十卷　厲鶚撰

果堂集十二卷　沈彤撰

松泉文集二十卷　詩集二十六卷　是集《總目》有，《簡明目録》未載。
汪由敦撰

　　右別集類著録三十七部一千一百一十六卷。

燕香齋文集四卷　詩集六卷　劉餘祐撰

金文通集二十卷　金之俊撰

灌研齋集四卷　李元鼎撰

用六集十二卷　刁包撰

秀巖集三十一卷　胡世安撰

澹友軒集十六卷　桴菴集四卷^①　薛所蘊撰

搜遺彙四卷　彭賓撰

青溪遺彙二十八卷　程正揆撰

己亥存彙一卷　孫承澤撰

浮雲集十一卷　陳之遴撰

靜惕堂詩集四十四卷　粤游草一卷　曹溶撰

橘洲詩集六卷　范士楫撰

犀崖文集二十五卷　雲湖堂集六卷　易學實撰

且園近集四卷　且園近詩五卷　了莽文集九卷　王岱撰

內省齋文集三十二卷　湯來賀撰^②

古處堂集四卷　高爾儼撰

泚亭文集二卷　孫廷銓撰

薪齋集八卷　呂陽撰

讀史亭詩集十六卷　文集二十二卷　彭而述撰

道山堂前集四卷　後集七卷　陳軾撰

山園堂集二十三卷　鄭宗奎撰^③

石雲居士集十五卷　詩七卷　陳名夏撰

棲雲閣詩十六卷　拾遺三卷　棲雲閣詩略 無卷數。　高珩撰

誠正齋集八卷　上官鉝撰

---

①　"桴菴"，原作"浮槎"，據《存目叢書》影印清順治刻本本書題名及《總目》改。

②　"賀"，原作"賓"，據《存目叢書》影印清康熙書林五車樓刻本本書題名及《總目》改，下同。

③　"奎"，《總目》作"圭"，下同。

青箱堂文集三十三卷　詩集三十三卷　王崇簡撰

東村集十卷　李呈祥撰

蕉林詩集　無卷數。　梁清標撰

東谷集三十四卷　歸庸集四卷　桑榆集三卷　白允謙撰

陳士業全集十六卷　陳宏緒撰

九山游草一卷　《九山注》見史部地理類。　梅花百詠一卷　李確撰

二槐草存　無卷數。　王翃撰

直木堂詩集七卷　僧本晝撰

南耕草堂詩槀　無卷數。　曹亮武撰

南雷文定十一卷　文約四卷　黃宗羲撰

紫峯集十四卷　杜越撰

白茅堂集四十六卷　顧景星撰

溉堂前集九卷　續集六卷　後集六卷　詩餘二卷　孫枝蔚撰

五公山人集十四卷　王餘祐撰

二曲集二十二卷　二曲，顒之自號。謂其里水曲曰盩，山曲曰屋也。　李顒撰①

聰山集十四卷　申涵光撰

蒿菴集三卷②　張爾岐撰

雲龕遺槀一卷　梁春暉撰

茂綠軒集四卷　顧夢游撰

苧菴二集十二卷　吳懋謙撰

水田居士文集五卷　賀貽孫撰　《總目》云“貽孫有《詩觸》已著錄”，檢經部
　　詩類，未載此書。

闇修齋槀一卷　蕭企昭撰

---

　　①　“顒”，原作“容”，《總目》同，《存目叢書》影印清康熙三十二年鄭重高爾公刻本
本書題名作“顒”。“容”係避嘉慶諱，今回改。下同。
　　②　“蒿”，原作“嵩”，據《存目叢書》影印清乾隆三十八年胡德琳刻本本書題名及
《總目》改。

藕灣全集二十九卷　張仁熙撰

芝在堂集十五卷　劉醇驥撰

織齋集鈔八卷　李煥章撰

謝程山集十八卷　謝文洊撰　《總目》云“文洊有《學庸切》已著録”，檢經部四
　書類，未載是書。

燕峯文鈔一卷　費密撰

虎溪漁叟集十卷　劉命清撰

徐太拙詩槖　無卷數。　徐振芳撰

彭省廬文集七卷　詩集十卷　彭師度撰

蓬廬詩　無卷數。　韓純玉撰

省軒文鈔十卷　柴紹炳撰

張秦亭詩集十二卷　張丹撰

撰書八卷①　思古堂集四卷　東苑文鈔二卷　詩鈔一卷　小匡
　文鈔四卷　蕊雲集一卷　晚唱一卷　毛先舒撰

學園集六卷　續編一卷　沈起撰

榆墩集選文九卷　詩二卷　徐世溥撰

筠谿集七卷　范青撰

橘苑詩鈔十一卷　諸匡鼎撰

安靜子集十三卷　安致遠撰

完玉堂詩集十卷　是集《簡明目録》編入著録書内。　僧元璟撰

冬關詩鈔六卷　僧通復撰

孄齋別集十四卷　僧通門撰

西北文集四卷　畢振姬撰

涑水編五卷　瞿鳳翯撰

---

　①　“書”，原作“詩”，據《存目叢書》影印清康熙刻思古堂十四種書本本書題名及
《總目》改。

蘭雪堂詩集三卷　謝賓王撰

袚園集九卷　梁清遠撰

黃山詩留十六卷　法若真撰

心遠堂詩集十二卷　李霨撰

寒松堂集九十二卷　魏象樞撰

且亭詩集　無卷數。　楊思聖撰

夢吟集一卷　續集一卷　王天春撰

崑林小品三卷　崑林外集　無卷數。　魏裔介撰

四思堂文集八卷　傅維鱗撰

燕川漁唱詩二卷　植齋文集二卷　傅維橒撰

倚雉集十二卷　竇遴奇撰

王文靖集二十四卷　附錄一卷　王熙撰

佳山堂集十卷　馮溥撰

林屋文稾十六卷　詩稾十四卷　宋徵輿撰

慎齋遇集五卷　莅楚學記一卷　日懷堂奏疏四卷　蔣永修撰

潛滄集七卷　余一元撰

安雅堂詩　安雅堂拾遺詩　皆無卷數。　安雅堂拾遺文二卷　附

　二鄉亭詞四卷　宋琬撰

退庵集二十一卷　李敬撰

西山集九卷　張能鱗撰

馮定遠集十一卷　馮班撰

文襄公別錄六卷　李之芳撰

擬故宮詞一卷　徐宇昭撰

春樹草堂集六卷　杜恒燦撰

屺思臺文集八卷　詩集一卷　劉子壯撰

熊學士詩文集三卷　熊伯龍撰

志壑堂詩十五卷　唐夢賚撰

耿巖文選　無卷數。　　沈珩撰

樂圃詩集七卷　　顏光敏撰

寶綸堂集五卷　　許纘曾撰

漫餘草一卷　　王庭撰

循寄堂詩草　無卷數。　　朱廷燦撰①

鶴靜堂集十九卷　　周茂源撰

貽清堂集十三卷　　補遺四卷　　張習孔撰

願學堂集二十卷　　周燦撰

月巖集五卷　　周禮撰

容菴詩集十卷　　辛卯集一卷　　孫爽撰

萬山樓詩集二十四卷　　許虯撰

萬青閣全集八卷　　林臥遙集三卷　　趙吉士撰

遂初堂文集九卷　　楊兆魯撰

畫壁遺藁一卷　　范承謨撰

見山樓詩文集　無卷數。　　撫皖治略一卷　　撫楚治略一卷　　穀城

　　水運紀略一卷　　楊素蘊撰

張康侯詩草十一卷　　張晉撰

愻齋存稾四卷　　白乃貞撰

堪齋詩存八卷　　顧大申撰

學源堂文集十八卷　　郭棻撰

蓮龕集十五卷　　李來泰撰

司勳五種集二十卷　　王士禄撰

天延閣詩前集十六卷　　後集十三卷　　附　　花果唱和詩一卷②

贈言集四卷　　瞿山詩略三十三卷　　梅清撰

飲和堂集二十一卷　姚虁撰

涑亭詩略一卷　林堯光撰

浣亭詩略二卷　歸來吟一卷　附　山薑花埭長短句一卷　林堯華撰

託素齋集十卷　黎士弘撰①

漣漪堂遺槁二卷　沈峻曾撰

半農齋集八卷　蔣中和撰

陸密菴文集二十卷　録餘二卷　詩集八卷　詩餘四卷　陸求可撰

鶴嶺山人詩集十六卷　王澤宏撰

恥躬堂文集二十卷　王命岳撰

澹餘軒集八卷　孫光祀撰

南沙文集八卷　附録一卷　洪若皋撰

綿津山人詩集十八卷　附　楓香詞一卷　緯蕭草堂詩一卷《緯蕭草堂詩》乃犖子編修至撰。 宋犖撰

漁洋詩集二十二卷　續集十六卷　漁洋文略十四卷　蠶尾集十卷　續集二卷　後集二卷　南海集二卷　雍益集一卷　王士禛撰

掄山集選一卷　王士禧撰

鈍翁前後類槁一百十八卷　汪琬撰

七頌堂集十四卷　劉體仁撰

閒居草一卷　董含撰

雪鴻堂文集十八卷　李蕃撰

秋笳集八卷　吳兆騫撰

----

① "弘",原作"宏",《總目》同,據《存目叢書》影印清雍正二年黎致遠刻本本書題名改。"宏"係避乾隆諱,今回改,下同。

改亭詩集六卷　文集十六卷　計東撰

庸書二十卷　張貞生撰

安序堂文鈔二十卷　會侯文鈔二十卷　毛際可撰

午亭集五十五卷　陳廷敬撰

挹奎樓文集十二卷　吳山籟音八卷　林雲銘撰

經義齋集十八卷　澡修堂集十六卷　熊賜履撰

槐軒集十卷　王曰高撰

霞園詩集三卷　文集一卷　鄭重撰

荊南墨農全集　無卷數。　徐喈鳳撰

嵩庵集五卷　馮甦撰

靜庵集十二卷　鄭日奎撰

日知堂文集六卷　鄭端撰

世德堂集四卷　王鉞撰

行素堂詩集一卷　李如汸撰

思誠堂集二卷　吳琠撰

古愚心言八卷　彭鵬撰

聊園全集十五卷　孔貞瑄撰

葉忠節遺桑十三卷　葉映榴撰

張文貞外集二卷　張玉書撰

笠山詩選五卷　孫蕙撰

谷口山房詩集十卷　李念慈撰

證山堂集八卷　周斯盛撰

時一吟詩四卷　黎耿然撰

柴村集十九卷　附録一卷　附録一卷,志廣孫性善《德滋堂詩》也。　邱志廣撰

晚簾集七卷　陳筬撰

中巖集六卷　宋振麟撰

積書巖詩選 無卷數。 劉逢源撰

鴻逸堂槀 無卷數。 王昆撰

稽留山人集二十卷 陳祚明撰

止泉文集八卷 朱澤澐撰

性學吟二卷 徐世沐撰

陋軒詩四卷 吳嘉紀撰

欣然堂集十卷 陶孚尹撰

定峯樂府十卷 沙張白撰

葭里集六卷 二集六卷 三集五卷 周鑣撰

突星閣詩鈔十五卷 王戩撰

吳季野遺集一卷 吳坰撰

杏村詩集七卷 謝重輝撰

蕭亭詩選六卷 張實居撰

後圃編年槀十六卷 李嵩瑞撰

荆樹居文略十卷 李懋緒撰

冠豸山堂文集三卷 童能靈撰

谷水集二十二卷 胡夏客撰

丁野鶴詩鈔十卷 丁耀亢撰

吾好遺槀一卷 章靜宜撰

萊山堂集八卷 遺槀五卷 章金牧撰

杲堂文鈔六卷 詩鈔七卷 李鄴嗣撰

孔天徵文集 無卷數。 孔尚典撰

懷葛堂文集十五卷 梁份撰

草亭文集一卷 彭任撰

孔鐘英集十卷 孔毓瓊撰

孔惟敍集六卷 孔毓功撰

江泠閣詩集十四卷 江泠閣文集四卷 續集二卷 冷士嵋撰

懷舫集三十六卷　魏荔彤撰

秋水集十六卷　馮如京撰

偶然云集十卷　湯之錡撰

皋軒文編一卷　李光坡撰

澄江集　<small>無卷數。</small>　北墅緒言五卷　陸次雲撰

恕齋偶存七卷　方士穎撰

耐俗軒詩集三卷　申頌撰

一溉堂詩集一卷　余光耿撰

尋墼外言五卷　李繩遠撰

陽山詩集十卷　陳炳撰

黃葉村莊詩集十卷　吳之振撰

白漊文集四卷　沈受宏撰

璇璣碎錦二卷　<small>是集皆迴文詩。</small>　萬樹撰

強恕堂詩集八卷　高之騱撰

芙蓉集十七卷　宗元鼎撰

不礙雲山樓槀　<small>無卷數。</small>　周綸撰

重知堂詩二卷　趙善慶撰

寵壽堂詩集三十卷　張競光撰

雪庵詩存二卷[①]　丁嗣徵撰

天外談四卷　石龐撰

復園文集六卷　董聞京撰

章江集五卷　安世鼎撰

尺五堂詩删六卷　嚴我斯撰

讀書堂集四十六卷　趙士麟撰

珂雪詩　<small>無卷數。</small>　曹貞吉撰

---

① "詩"，原作"說"，據《總目》及《存目叢書》影印清雍正丁桂芳刻本本書題名改。

九谷集六卷　方殿元撰

戒庵詩存一卷　邵遠平撰

雪園詩集六卷　梁珏撰

健松齋集二十四卷　續集十卷　方象瑛撰

百尺梧桐閣集二十六卷　汪懋麟撰

學文堂集四十三卷　別本學文堂集四十七卷　陳玉璂撰

五經堂文集五卷　語録一卷　范鄗鼎撰

柳村詩集十二卷　董訥撰

石屋詩鈔八卷　補鈔一卷　魏麐徵撰

縱釣居文集八卷　應是撰

慎修堂詩集八卷　廖騰煃撰

匏菴遺集三卷　石璜撰

憺園集三十八卷　徐乾學撰

白石山房稾十三卷　別本白石山房稾二十六卷　李振裕撰

已畦集二十一卷　原詩四卷　葉燮撰

趙恭毅剩稾八卷　附　裘萼賸稾三卷　趙申喬撰

玉巖詩集七卷　林麟焻撰

孜堂文集二卷　張烈撰

臨野堂文集十卷　鈕琇撰

立命堂二集十三卷　嵇宗孟撰

古鉢集選一卷　王士祜撰

有懷堂詩文藁二十八卷　韓菼撰

蘋村類稾三十卷　附録二卷 <small>附録，倬子元正撰。</small>　徐倬撰

禮山園文集八卷　李來章撰

殘本經史緒言一卷　朱董祥撰

南昀文集十二卷　彭定求撰

寶嗇堂詩稾四卷　河上草二卷　蘭樵歸田稾一卷　張榕端撰

彭椒巖詩橐二十二卷　彭開祐撰

旭華堂文集十四卷　補遺一卷　續編一卷　王炎曾撰

通志堂集十八卷　附錄二卷　納喇性德撰

翠滴樓詩集六卷　馮雲驌撰

兼山堂集八卷　陳錫嘏撰

清芬堂存橐八卷　胡會恩撰

蓬廬草一卷　黃鐘撰

西澗初集六卷　劉然撰

青門簏橐十六卷　附　邵氏家錄一卷　青門旅橐六卷　賸橐
　八卷　邵長蘅撰

竹垞文類二十六卷　朱彝尊撰

受祺堂詩集三十四卷　李因篤撰

世恩堂集三十三卷　王頊齡撰

深秀亭近草五卷①　潘鐘麟撰

遂初堂詩集十五卷　文集二十卷　別集四卷　潘耒撰

抱經齋集二十卷②　附　焚餘草一卷　《焚餘草》乃嘉炎父肇森遭亂而作。
　徐嘉炎撰

叢碧山房集五十七卷　附　詩義固説二卷　龐塏撰

臥象山房集三卷　附錄二卷　白雲村集八卷　李澄中撰

秋錦山房集二十二卷　李良年撰

別本蓮洋集二十卷　吳雯撰

雪石詩草③　無卷數。　劉爾懌撰

---

①　"亭"，原作"堂"，據《總目》及《存目叢書》影印清深秀亭刻本本書題名改。"近草"，深秀亭刻本作"詩集"。

②　"齋"，原作"堂"，據《總目》及《存目叢書》影印清康熙三十八年刻本本書題名改。

③　《總目》"石"下有"堂"字。

思復堂集十卷　邵廷采撰

徐都講詩一卷　昭華父咸清與毛奇齡善，遂爲西河詩弟子，是集爲奇齡點定，故以都講目之。　徐昭華撰

拙齋集五卷　朱奇齡撰

張邇可集四卷　張遠撰　此張遠即著《杜詩會粹》者。

超然詩集八卷　張遠撰　此張遠與上蕭山張遠同姓名。

山曉閣詩十二卷　孫琮撰

香草居集七卷　李符撰

秋水閣文鈔一卷　陳維岳撰

寶菌堂遺詩二卷　趙執端撰

友柏堂遺詩選二卷　馮協一撰

野香亭集十三卷　李孚青撰

夢鼎堂文集四卷　若溪集一卷　任觀瀛撰

晚樹樓詩稾四卷　吳震方撰

雙溪草堂詩集一卷　附　游西山詩一卷　王晉徵撰[1]

老雲齋詩删十卷　沈不負撰

馮舍人遺詩六卷　馮廷櫆撰

居業齋文集二十卷　別集十卷　金德嘉撰

艾納山房集五卷　王九齡撰

德星堂文集八卷　續集一卷　河工集一卷　詩集五卷　許汝霖撰

素巖文稾二十六卷　王喆生撰

周廣菴全集三十八卷　周金然撰

---

① "王"，《總目》及《存目叢書》影印清康熙刻本同，1977 年中華書局出版《清史稿》（以下簡稱《清史稿》）及 1980 年文海出版社出版《碑傳集》（以下簡稱《碑傳集》）皆作"汪"，下同。

奉使滇南集　_{無卷數。}　許嗣隆撰

嶺南二紀二卷　茅兆儒撰

正誼堂集十二卷　張伯行撰

愛日堂詩二十七卷　陳元龍撰

鶴侶齋集三卷　孫勷撰

寶宸堂集四卷　張希良撰

倚雲閣詩集一卷　汪灝撰

岹老編年詩鈔十三卷①　金張撰

崑崙山房集三卷　張篤慶撰

鬲津草堂詩集　_{無卷數。}　田霖撰

匡山集六卷　王沛恂撰

綺樹閣棄一卷　安箕撰

箐菴遺棄一卷　汪筠撰

學古堂詩集六卷　沈季友撰

半庵詩棄　_{無卷數。}　勞矙撰

東湖文集三卷　朱璘撰

藥亭詩集二卷　梁佩蘭撰

鉢山堂詩集十九卷　陳阿平撰

紺寒亭詩集十卷　文集四卷　趙俞撰

杕左堂詩集六卷②　詞四卷　續集三卷　孫致彌撰

岢嶐山人集　_{無卷數。岢嶐,乃寶家山也。}　謝乃實撰

過江集四卷　史申義撰

寒村集三十六卷　鄭梁撰

雙雲堂文集六卷　詩棄六卷　范光陽撰

---

① "岹",原作"蚑",據《總目》及《存目叢書》影印清康熙刻本本書題名改。
② "杕",原作"秋",據《總目》及《存目叢書》影印清乾隆刻本本書題名改。

藜乘初集一卷　二集二卷　劉以實撰

嶢山文集四卷　詩集一卷　田從典撰

潘中丞集四卷　潘宗洛撰

楝亭詩鈔五卷　附　詞鈔一卷　曹寅撰

時用集　無卷數。　陳訏撰

善卷堂四六十卷　吳自高注。　陸繁弨撰

湖海集十三卷　孔尚任撰

幸跌草三卷　黃百家撰

眺秋樓詩八卷　高岑撰

赤嵌集四卷　孫元衡撰

四香樓集四卷　范纘撰

釀川集十三卷　許尚質撰

南園詩鈔十卷　尤世求撰

舟車初集二十卷　陶澂撰

燕堂詩鈔八卷　朱徑撰

鈍齋文鈔七卷　楊兆嶦撰

集古梅花詩　無卷數。　張吳曼撰

根味齋詩集二十卷　徐志莘撰

笏峙樓集五卷　張祖年撰

觀樹堂詩集十四卷　朱樟撰

恕谷後集十卷　續刻三卷　李塨撰

東山草堂文集二十卷　詩集八卷　續集一卷　邱嘉穗撰

在陸草堂文集六卷[①]　儲欣撰

息盧詩一卷　陶爾懋撰

陳恪勤集三十九卷　道榮堂文集六卷　陳鵬年撰

---

①　"草"、"文"，原缺，據《總目》及《存目叢書》影印清乾隆十八年刻本本書題名補。

固哉曳詩鈔八卷　高孝本撰

葛莊詩鈔十三卷　葛莊編年詩　_{無卷數。}劉廷璣撰

咸齋文鈔七卷　查旭撰

冰齋文集四卷　懷應聘撰

清端集八卷　陳璸撰

夢月巖詩集二十卷　冶古堂文集五卷　呂履恒撰

雪鴻堂文集四卷　李鍾璧撰

克念堂文鈔二卷　雷鐸撰

殘本賦清草堂詩鈔六卷　張棠撰

山舟堂集十二卷　周士彬撰

湛園未定棄六卷　真意堂文稿一卷　姜宸英撰

菀青集　_{無卷數。}　陳至言撰

華鄂堂集二卷　周彝撰

樸學齋詩集十卷　林佶撰

柳塘詩集十二卷　吳祖修撰

畏壘山人詩集四卷　徐昂發撰

澄懷園全集三十七卷　張廷玉撰

秋江詩集六卷　黃任撰

秋葉軒詩四卷　張琳撰

黑蝶齋詩鈔四卷　沈岸登撰

樓村集二十五卷　王式丹撰

古劍書屋文鈔十卷　吳廷楨撰

緯蕭草堂詩六卷　宋至撰

績學堂文鈔六卷　詩鈔四卷　梅文鼎撰

滋蘭堂詩集十卷　沈元滄撰

澹初詩棄八卷　附　見山堂詩鈔一卷　_{翼機子廷薦撰。}　沈翼
機撰

集虛齋學古文十二卷　方椶如撰

緄齋詩選二卷　張謙宜撰

蓼村集四卷　王苹撰

雪鴻堂文集二卷　李鍾峩撰

王石和文集　無卷數。　王琦撰

十峯集五卷　徐基撰

蓬莊詩集六卷　是編詩詞文及填詞皆集前後《赤壁賦》字。　沈虹撰

雄雉齋選集六卷　顧圖河撰

青溪詩偶存十卷　蔣錫震撰

退谷文集十五卷　詩集七卷　黃越撰

圭美堂集二十六卷　徐用錫撰

青要集十二卷　呂謙恒撰

吾廬遺書　無卷數。　陶成撰

性影集八卷　王時憲撰

改堂文鈔二卷①　唐紹祖撰

石川詩鈔三卷②　方覲撰

師經堂集十八卷　徐文駒撰

墨瀾亭集　無卷數。帥我撰

雲川閣詩集九卷③　杜詔撰

閭邱詩集六十卷④　顧嗣立撰

今有堂集六卷　附　茗柯詞一卷　程夢星撰

---

　　①　“鈔”，原缺，據《總目》補。此條《存目叢書》影印清乾隆十八年刻本本書題名作“改堂先生文集”。

　　②　“鈔”，原缺，據《總目》及《存目叢書》影印清乾隆刻本本書題名補。

　　③　“閣詩”，原缺，據《存目叢書》影印清雍正刻本本書題名補。《總目》稱之爲“殘本”，以其僅存古詩之一部分故。

　　④　“詩”，原缺，據《總目》及《存目叢書》影印清康熙刻本本書題名補。

二水樓詩集十八卷　文集十卷①　李茹旻撰②

朱圍山人集十二卷③　鞏建豐撰④　二集原缺，俟補。

三華集四卷　梁機撰

練溪集五卷　傅米石撰

約園詩鈔二卷　郭雍撰

瓦缶集十二卷　李宗渭撰

若菴集五卷　程庭撰

嗜退山房槀五卷　帥仍祖撰

空明子詩集十卷又八卷　文集六卷又二卷　雜録一卷　詩餘
　一卷　張榮撰

挹青軒詩槀一卷⑤　華浣芳撰

龍溪草堂集十卷　王世睿撰

陳玉几詩集三卷　陳撰撰

雲溪文集五卷　儲掌文撰

據梧詩集十五卷　管楇撰

近道齋文集六卷　詩集四卷　陳萬策撰

白田草堂存槀二十四卷　王懋竑撰

莊元仲集一卷　莊亨陽撰

綠蘿山房文集二十四卷　詩集三十二卷　胡浚撰

寒香閣詩集四卷　鄧鍾岳撰

墨麟詩十二卷　馬維翰撰

---

①　“集”，原缺，據《總目》補。此條《存目叢書》影印清乾隆十三年刻本作“李鷺州詩集二十卷文集十卷”。

②　“李茹旻”，原作“□□□”，據《總目》及《存目叢書》影印清乾隆十三年刻本改。

③　“朱圍山人集十”，原作“□□□□□□”，據《總目》補。

④　“鞏”，原作“□”，據《總目》補。

⑤　“青”，原作“寄”，據《總目》及《存目叢書》影印清康熙刻空明子全集附刻本本書題名改。

秋塍文鈔十二卷　三州詩鈔四卷[1]　魯曾煜撰

最古園二編十八卷　曰二編者,尚有初編二十四卷,今未之見。　羅人
　琮撰

陸堂文集二十卷　詩集十八卷　續詩集八卷　陸奎勳撰

庽堂集六十一卷　黃之雋撰

雲在詩鈔九卷　查祥撰

小蘭陔集十二卷　謝道承撰

桐村詩九卷　馮詠撰

崇德堂集八卷　偶存草　無卷數。　王植撰

牆東雜著一卷　王汝驤撰

與梅堂遺集十二卷　耳書一卷　鮓話一卷　《耳書》記聞見荒怪之事。
　《鮓話》記恩平風土。　佟世思撰

金閶齋集十二卷　金敞撰

前溪集十四卷　唐靖撰

華林莊詩集四卷　姚孔鐌撰

瓠尊山人詩集十七卷　夏熙臣撰

道腴堂詩集四卷　曹煜曾撰

長嘯軒詩集六卷　曹煐曾撰

放言居詩集六卷　曹炳曾撰

隨村遺集六卷　施琭撰

有懷堂詩文集一卷　田肇麗撰

靜便齋集十卷　王曾祥撰

鍾水堂詩三卷　顏肇維撰

帶月草堂詩集一卷　顏懷禮撰

青嶼槖存　無卷數。　張安絃撰

---

① "州",原作"洲",據《總目》及《存目叢書》影印清康熙刻本本書題名改。

桐乳齋詩集十二卷　梁文濂撰

橡村集四卷　朱緗撰

蒼雪山房橐一卷　朱綱撰

吾友于齋詩鈔八卷　張錫爵撰

蔗尾詩集十五卷　文集二卷　鄭方坤撰

樹人堂詩七卷　帥念祖撰

涵有堂詩文集四卷　游紹安撰

南陔堂詩集十二卷　徐以升撰

王巳山文集十卷　別集四卷　王步青撰

江聲草堂詩集八卷　金志章撰

謙齋詩橐二卷　補遺一卷　曹庭樞撰

司業文集四卷　司業詩集四卷　陳祖范撰

王艮齋集十四卷　王峻撰

鋤經餘草十六卷　王文清撰

明史雜詠四卷　嚴遂成撰

絳跗閣詩橐十一卷　諸錦撰

賜書堂詩選八卷　周長發撰

小山全集二十卷①　王時翔撰

就正草一卷　徐璽撰

松源集　無卷數。　孫之騄撰

春及堂詩集四十三卷　倪國璉撰

四焉齋文集八卷　四焉齋詩集六卷　　附　梯仙閣餘課一卷

　拂珠樓偶鈔二卷　《梯仙》,一士繼室陸鳳池詩。《拂珠》,一士女錫珪詩。

　曹一士撰

---

　　①　"小山全集",《總目》作"小山全稿",《存目叢書》影印清乾隆十一年王氏涇東草堂刻本作"小山詩文全稿"。

寒香草堂集四卷　劉元燮撰

金管集一卷　花語山房詩文小鈔一卷　　附　三重賦一卷

燕京賦一卷　顧成天撰

桑弢甫集八十四卷　桑調元撰

柯橡集一卷　雪舫詩鈔八卷　周宣猷撰

柳漁詩鈔十二卷　張湄撰

秋水齋詩集十五卷　張映斗撰

寧遠堂詩集一卷　朱成點撰

松桂讀書堂集八卷　姚培謙撰

舒曉齋存槀三卷　黃溶撰

桐陰書屋集二卷　朱崇勳撰

湖上草堂詩一卷　朱崇道撰

蠶桑樂府一卷　沈炳震撰

無悔齋集十五卷　周京撰

實嬾齋詩集四卷　張時泰撰

亦廬詩集二十八卷　湯斯祚撰

芝壇集二卷　張鵬翼撰

江湖間吟八卷　王道撰

慎獨軒文集八卷　劉青霞撰

屏守齋遺槀四卷　姚世鈺撰

蘊亭詩槀二卷　金綖撰

翰村詩槀六卷　仲昰保撰

梧江雜詠一卷　劉雲峯撰

在亭叢槀二十卷　李果撰

樸庭詩槀十卷　吳燽文撰

孤石山房詩集六卷　沈心撰

抗言在昔集一卷　沈冰壺撰

二須堂集二卷　集名取諸葛亮“學須靜，才須學”也。　丁詠淇撰

雙樹軒詩鈔一卷　僧湛性撰

香域内外集十二卷　僧敏膺撰

敲空遺響十二卷　僧如乾撰

餐秀集二卷　黃千人撰

梯青集　無卷數。　項大德撰

月湖賸槀一卷　王樑撰

夢村集二卷　朱緯撰

後海書堂遺文二卷　王孝詠撰

薇香集一卷　燕香集二卷　二集二卷　方觀承撰

晚晴樓詩草二卷　曹錫淑撰

藍户部集二十六卷　藍千秋撰

豐川全集二十八卷　豐川續集三十四卷　王心敬撰

綠筠軒詩四卷　張元撰

質園詩集三十二卷　商盤撰

竹香詩集四卷　席鏊撰

冰壑詩鈔六卷　朱令昭撰

鵝浦集六卷　朱懷樸撰

菱溪遺草一卷　蔣麟昌撰

松泉詩集六卷　江昱撰

閨房集一卷　陳佩撰

白雲詩集七卷　別集一卷　盧存心撰

萬青樓詩文殘編一卷　邵昂霄撰

隨園詩集十卷　附錄一卷　邊連寶撰

隱拙齋集五十卷　沈廷芳撰

東山草堂集六卷　潘安禮撰

黃靜山集十二卷　黃永年撰

山陰集一卷　歸田遺草一卷　林其茂撰

史復齋文集四卷　史調撰

瑜齋詩草一卷　郭趙璧撰

卓山詩集十二卷　帥家相撰

瓠息齋前集二十四卷　凌樹屏撰

問羲軒詩鈔二卷　賸草一卷　莊綸渭撰

詠史六言一卷　周宣武撰

月坡詩集四卷　郭植撰

玉芝堂集九卷^①　邵齊燾撰

嬾真初集詩選八卷　張用天撰

燕川集六卷　范泰恒撰

敞帚集二卷　　附　蘆中集一卷　《蘆中集》，秉忠哭其子春祈作。
　趙秉忠撰

凝齋遺集八卷　陳道撰

柘坡居士集十二卷　萬光泰撰

浩波遺集三卷　鄭際熙撰

觀光集五卷　蔡以封撰

綠杉野屋集四卷　徐以泰撰

強恕齋文鈔五卷　張庚撰

冬心集四卷　金農撰

産鶴亭詩集七卷　曹庭棟撰

西澗草堂集四卷　閻循觀撰

嶓崏山人集八卷　汪㐝撰

睫巢集六卷　後集一卷　李鍇撰

石閭詩一卷　陳景元撰

---

① "堂"，原缺，據《總目》及《存目叢書》影印清乾隆刻本本書題名補。

南阜山人詩集七卷　高鳳翰撰

拙齋集一卷　李遠撰

密娛齋詩橐一卷　鄧汝功撰

放鶴村文集五卷　張侗撰

東坪集八卷　胡慶豫撰

六湖遺集八十卷　張文瑞撰

念西堂詩集八卷　古雪堂文集十九卷　王令撰

有蘭書屋存橐四卷　石球撰

寒玉屏集二卷　碎金集二卷　閔南仲撰

薪樵集四卷　許昌國撰

璞堂文鈔十一卷　許重炎撰

禹門集四卷　郭振遐撰

彙書六卷　王鳳九撰

天門詩集六卷　文集六卷　吳盛藻撰

歲寒堂存橐一卷　林璐撰

天香閣詩集十卷 是編末附《碎玉合編》二卷，一題唐雲楨予霖著，一題唐德遠深源著，蓋之鳳兄弟行也。　唐之鳳撰

笑門詩集二十五卷　戚玽撰

偶存草堂集六卷　林之蒨撰

右別集類存目五百七十五部六千三百二十一卷。　内三十五部無卷數。

玉臺新詠考異十卷　《玉臺新詠》，陳徐陵編。　紀容舒撰

迴文類聚補遺一卷　《迴文類聚》，宋桑世昌編。　朱孝存編

詩紀匡謬一卷　《古詩紀》，明馮惟訥編。　馮舒撰

明文海四百八十二卷　黄宗羲撰

二家詩選二卷 二家，謂明徐禎卿、高叔嗣。　唐賢三昧集三卷　唐人

萬首絕句選七卷 《唐人萬首絕句》九十一卷，宋洪邁編。 王士禛編

明詩綜一百卷 朱彝尊編

宋詩鈔一百六卷 吳之振編

宋元詩會一百卷 陳焯編

粵西詩載二十五卷 文載七十五卷 叢載三十卷 汪森編

元詩選一百一十一卷 顧嗣立編

全唐詩錄一百卷 徐倬編①

甬上耆舊詩三十卷 胡文學編

橋李詩繫四十二卷 輯嘉興一郡古今人詩。 沈季友編

古文雅正十四卷 蔡世遠編

鄱陽五家集十五卷 五家，謂宋黎廷瑞、吳存、徐瑞、元葉蘭、明劉炳也。 史
簡編

南宋雜事詩七卷 七人各爲七言絕句一百首，而自爲之注。 沈嘉轍 吳
焯 陳芝光 符曾 趙昱 厲鶚 趙信同撰

宋百家詩存二十八卷 曹庭棟編

右總集類著録十九部一千二百八十九卷。

昭明文選越裁十一卷 洪若皋編

選詩定論十八卷 吳淇撰

文選音義八卷 余蕭客撰

馮氏校定玉臺新詠十卷 馮舒校 從子武刊

玉臺新詠箋注十卷 吳兆宜撰

二馮評點才調集十卷 《才調集》，蜀韋縠編。 馮舒暨弟班評點

唐詩鼓吹箋注十卷 《唐詩鼓吹》，金元好問編。 錢朝鼎 王俊臣同
注 王清臣 陸貽典同箋

---

① "倬"，原作"焯"，據《總目》及《四庫全書》本書題名改。

續宛雅八卷　《宛雅》十卷，明梅鼎祚編，所載皆宣城古今人詩。　蔡蓁春
　　施閏章同編

宛雅三編二十四卷　施念曾　張汝霖同編　以上八部原編在各朝著書
　　人後，今移置。

蕭氏世集　無卷數。是書皆錄其先世詩文。　蕭伯升編

太倉十子詩選十卷　十子者，周肇、王揆、許旭、黃與堅、王撰、王昊、王抃、王曜
　　升、顧湄、王攄，皆偉業同時同里人也。　吳偉業撰

樂府英華十卷　顧有孝編

同人集十二卷　是編皆錄友朋觴詠之作。　冒襄編

唐宮閨詩二卷　費密編

牘雋四卷　是編選錄自漢至宋尺牘。　蕭士琦撰

斯文正統十二卷　是編錄歷代理學諸儒之文。　刁包編

樂府廣序三十卷　朱嘉徵編

三蘇談十卷　是編評論三蘇之文，故以談名。　高阜撰

柳洲詩集十卷　柳洲在嘉善熙寧門外。皆詩社唱和之作。　陳增新等編

江左十五子詩選十五卷　舉巡撫蘇州時，甄拔王式丹等十五人，各選詩一
　　卷。　宋犖編

溯洄集十卷　喬介曾選國初詩爲《觀始集》，是編選康熙中詩以續前集。　魏裔
　　介編

高言集四卷　是書題曰《十五國風高言集》，而別標一闓字爲子目，蓋以一省之詩爲
　　一集，此乃十五集中之一也。　田茂遇　董俞同編

古文輯略　無卷數。　曹本榮編

臨川文獻八卷　胡亦堂編

詩原二十五卷　顧大申撰

滕王閣集十三卷　續集　無卷數。　蔡士英編

宋金元詩永二十卷　補遺二卷　吳綺編

澄遠堂三世詩存八卷　此編乃繩遠輯其曾祖應徵、祖士標、父寅之詩。　李

繩遠編

古詩選三十二卷　十種唐詩選十七卷 十種者,唐殷璠《河岳英靈集》、高仲武《中興間氣集》、芮挺章《國秀集》、元結《篋中集》、無名氏《搜玉集》、令狐楚《御覽集》、姚合《極元集》、《又元集》、韋縠《才調集》、宋姚鉉《唐文粹》,[1]附以士禎所選《唐賢三昧集》爲十種。　**載書圖詩一卷**[2]　**王士禎編**

樵川二家詩四卷 樵川,今邵武縣。二家者,宋嚴羽、元黃鎮成也。　**朱霞編**

宋四名家詩 無卷數。是編選蘇軾、黃庭堅、范成大、陸游之詩。　**周之鱗　柴升同編**

楊氏五家文鈔十二卷　楊長世及其從子以叡、以儼、從孫兆鳳、兆年合刻稿

翠樓集三卷 是編選明代閨閣之詩。　**劉之份編**

詩苑天聲二十一卷 是編選自漢至明之詩。　**范良編**

練音集補七卷 此集補明翟校選本而作。曰練音者,所選皆嘉定人詩,嘉定在宋爲練祁市。　**國朝練音集十二卷** 此集則輔銘所自輯也。　**王輔銘編**

姑蘇楊柳枝詞一卷 琬仿白樂天作《姑蘇楊柳枝詞》十八章,和者凡一百二十家,合爲一集。　**汪琬編**

金華文略二十卷　王崇炳編

尺牘新語二十四卷　徐士俊　汪淇同編

説唐詩二十二卷　徐增撰

百名家詩選八十九卷 曹學佺有《十二代詩選》,止於明天啓。憲輯天啓甲子以後至國朝康熙壬子詩以補之。　**魏憲編**

皇清詩選三十卷　孫鋐編

國雅初集 無卷數。　**陳允衡編**

宋詩刪二十五卷　顧貞觀編

---

①　"文",原作"詩",據《總目》及《存目叢書》影印清康熙三十一年刻本本書卷首提要改。

②　"書",原作"畫",據《總目》及《存目叢書》影印清康熙刻本本書題名改。

歷代賦格十五卷　陸葇編

續垂棘編三集十卷　四集九卷　鄒鼎父芸茂嘗輯山西之文爲《晉國垂棘》。鄒鼎續爲是編，而佚其首、次兩集。　范鄗鼎編

傳是樓宋人小集　無卷數。　徐乾學編

榕村講授三卷　古文精藻二卷　李光地編

羣雅集十二卷　振裕督學江南時，選錄諸生之作。　李振裕編

瑞竹亭合槀四卷　王愈擴及其弟愈融同撰

姚江逸詩十五卷　錄餘姚一邑之詩。　明文授讀六十二卷　黃宗羲編

洛如詩鈔六卷　錄康熙丁亥平湖詩社之作。題曰洛如者，洛如花名，郡有文士則生也。　朱彝尊選　陸奎勳編

漢詩音注五卷　漢詩評五卷　李因篤撰

詩觀十四卷　別集二卷　是編選國初人作。《別集》則閨閣詩也。　鄧漢儀編

朱子論定文鈔二十卷　錄經史及唐宋諸家之文曾經朱子論定者。　吳震方編

鳳池集　無卷數。是編錄國朝人應制之作。　沈玉亮　吳陳琰同編

續三體唐詩八卷　《三體唐詩》，周弼編。弼書以七言絕句、五七言律诗爲三體。此以五七言古詩、五言排律爲續三體。　唐詩掞藻八卷　高士奇編

楚風補五十卷　以《詩》無楚風，故題曰補。　廖元度編

四家詩鈔二十八卷　四家者，清苑郭葇、鉅鹿楊思聖、任邱龐塏、文安紀灵也。　王企埥編①

濂洛風雅九卷　輯理學諸儒之詩，凡十有七家。　張伯行編

歷朝賦楷八卷　王修玉編

于野集七卷　錄同郡二十二人唱和之作。　王原編

---

①　"埥"，原作"靖"，據《總目》及《存目叢書》影印清康熙刻本本書題名改。

唐宋十大家全集録五十一卷 於明茅坤所定唐宋八家外增李翱、孫樵爲十家。 **儲欣編**

松風餘韻五十一卷 録雲間自六朝至明人之詩。 **姚宏緒編**

述本堂詩集十八卷 桐城方氏三世家集。

青溪先正詩集 無卷數。録淳安一邑之詩。 **鮑楷編**

延陵書塾合璧四卷 録梁簡文、江淹二家駢體文。 **吳季長編**

八劉唐人詩集八卷 題曰淮陰劉青夕選，不著其名。八劉者，乂、商、言史、得仁、駕、滄、兼、威也。

唐詩叩禪集十二卷 續集三卷 杜詔 杜庭珠同編

邱海二公文集合編十六卷 濬、瑞，皆瓊州人。映漢與棠同官於瓊，故有是刻。 **焦映漢 賈棠同編**

明文遠 無卷數。 **徐文駒編**

尺牘嚶鳴集十二卷 王相編

文章鼻祖六卷 楊繩武編

唐四家詩八卷 録王維、孟浩然、韋應物、柳宗元爲四家。 **汪立名編**

二家詩鈔二十卷 二家，王士禛、宋犖也。 **邵長蘅編**

棣華書屋近刻四卷 朱緗及其弟絳、絗合橐

誠求堂彙編六卷 録友朋士民投贈之作及自作詩文。 **徐開錫撰**

明文在一百卷 薛熙編

漢詩説十卷 費錫璜 沈用濟同編

嶺南五朝詩選三十卷 黃登編

義門鄭氏奕葉吟集七卷① 鄭氏自宋建炎至明初合族而居者十三世，故稱義門，此編爲爾垣續明鄭昺書。 **義門鄭氏奕葉集十卷②** 此編爲爾垣別集。 **鄭爾垣編**

---

① "集"，原缺，據《總目》補。

② "義門鄭氏"，原缺，據《總目》及《存目叢書》影印清康熙五十四年鄭氏祠堂刻本補。

宋十五家詩選十六卷　十五家，梅堯臣、歐陽修、曾鞏、王安石、蘇軾、蘇轍、黄庭堅、范成大、陸游、楊萬里、王十朋、朱子、高翥、方岳、文天祥也。　**陳訏編**

篤敍堂詩集五卷　侯官許氏之家集也。作者七人，在明曰夑，國朝曰友，曰遇，曰鼎，曰均，曰蓋臣，曰良臣。

續姚江逸詩十二卷　續黄宗羲書而作。　**倪繼宗編**

韜光菴紀游集　無卷數。菴在杭州西湖，爲唐沙門韜光卓錫地。　**僧山止編**

興善寺歷代名賢留題集二卷　寺在嘉興秦溪之上。　**僧淨溥編**

倪城風雅二卷　輯陽信一邑之詩。　**勞巘編**

三詩合編三卷　此編乃光岳編其鄉人吳學詩、黄鐩、李堅三人之詩。　**黄光岳編**

渠風集略七卷　渠風者，安邱古渠邱地也。　**馬長淑編**

七十二峯足徵集一百一卷　輯歷代文士之生於太湖七十二峯間者。　**吳定璋編**

明倫初集五卷　續集五卷　取歷朝文之有關五倫者，分類輯之。　**鄭文炳編**

長林四世弓冶集五卷　長林，在侯官，其茂世居其地。　**林其茂編**

廣東詩粹十二卷　梁善長編

莆風清籟集六十卷　輯興化一府之詩。　**鄭王臣編**

山左明詩鈔三十五卷　輯明代山東省之詩。　**宋弼編**

豐陽人文紀略十卷　此編乃芳聲輯其鄉人之作　**聶芳聲編**

南園後五子詩集二十八卷　南園即廣州之抗風軒。明孫蕡、趙介、李德、黄哲、王佐，時稱南園五子，故文藻等復編順德歐大任、梁有譽、從化黎民表、南海吳旦、番禺李时行五人之詩爲後五子。　**陳文藻等編**

二南遺音四卷　所錄皆關中人詩，其實周召二南地不止於此。　**劉紹攽編**

崇川詩集十二卷　輯通州及所屬三邑之詩。　**孫翔編**

東皋詩存四十八卷　此編乃之珩輯其邑人之詩。　**王之珩編**

濮川詩鈔三十五卷　所輯凡二十九人之詩。　**陳光裕編**

閨秀集初編五卷 _{所輯皆前明閨集。} 季嫻編

磁人詩十卷 _{輯磁州人之詩。} 楊方晃編

晚唐詩鈔二十六卷 查克宏編

殘本湖陵江氏集五卷 _{湖陵,江氏世居之地。} 江八斗編

　　右總集類存目一百十部一千七百六十五卷。 _{内十部無卷數。}

文心雕龍輯注十卷 黄叔琳撰

金石要例一卷 黄宗羲撰

歷代詩話八十卷 吳景旭撰

漁洋詩話三卷 王士禛撰

師友詩傳録一卷 郎廷槐編 續録一卷 劉大勤編

聲調譜一卷 談龍録一卷 _{執信問聲調於王士禛,士禛靳不肯言,遂排比唐人詩爲《聲調譜》。士禛論詩謂當作"雲中之龍,時露鱗爪",執信遂作《談龍録》以非之。執信,士禛甥婿也。} 趙執信撰

宋詩紀事一百卷 厲鶚編

全閩詩話十二卷 五代詩話十卷 鄭方坤撰

　　右詩文評類著録十部二百二十卷。

蠖齋詩話二卷 施閏章撰

詩話八卷 毛奇齡撰

棗林藝簣一卷 談遷撰

詩辨坻四卷 毛先舒撰

五代詩話十二卷 王士禛撰

然脂集例一卷 王士禄撰

圍爐詩話八卷 吳喬撰

漫堂説詩一卷 宋犖撰

説詩樂趣二十卷 　附 偶詠草續集一卷 伍涵芬撰

柳亭詩話三十卷　宋長白撰

原詩四卷　葉燮撰

春秋詩話五卷　<small>輯《春秋左氏》之言《詩》者。</small>　勞孝輿撰

鐵立文起二十二卷　<small>論作文之法。鐵立，之績齋名也。</small>　王之績撰

學稼餘譚三卷　<small>不著撰人名氏，自題檞社老人。</small>

榕城詩話三卷　<small>世駿於雍正壬子以舉人充福建同考官時作，故以榕城爲名。雍正</small>

　　<small>壬子、乙卯二科皆以鄰省舉人充鄉試同考官，故世駿膺是任。</small>　杭世駿撰

　　右詩文評類存目十五部一百二十五卷。

珂雪詞二卷　曹貞吉撰

　　右詞曲類詞集之屬著錄一部二卷。

蓼花詞一卷　余光耿撰

玉山詞　<small>無卷數。</small>　陸次雲撰

炊聞詞二卷　王士祿撰

南耕詞六卷　歲寒詞一卷　曹亮武撰

情田詞三卷　邵璸撰

澹秋容軒詞一卷　范青撰

四香樓詞鈔　<small>無卷數。</small>　范纘撰

　　右詞曲類詞集之屬存目七部十四卷。　<small>內二部無卷數。</small>

絕妙好詞箋七卷　<small>《絕妙好詞》，宋周密編。</small>　查爲仁　厲鶚同撰

詞綜三十四卷　朱彝尊編

十五家詞三十七卷　<small>十五家者，吳偉業《梅村詞》二卷，梁清標《棠村詞》三卷，宋</small>

　　<small>琬《二鄉亭詞》二卷，曹爾堪《南溪詞》二卷，王士祿《炊聞詞》二卷，尤侗《百末詞》二</small>

　　<small>卷，陳世祥《含影詞》二卷，黃永《溪南詞》二卷，陸求可《月湄詞》四卷，鄒祇謨《麗農</small>

　　<small>詞》二卷，彭孫遹《延露詞》三卷，王士禛《衍波詞》二卷，董以寧《蓉渡詞》三卷，陳維崧</small>

　　<small>《烏絲詞》四卷，董俞《玉鳧詞》二卷也。《簡明目錄》作十六家詞三十九卷，內多龔鼎</small>

萃詞二卷,爲《總目》所無。

　　右詞曲類詞選之屬著録三部七十八卷。

選聲集三卷　　附　詞韻簡一卷　吳綺編

蕉雨軒詩餘彙選八卷　陳澍撰①

粵風續九四卷　淇爲潯州推官時,雜採土人及獞猺歌謡而作。曰續九者,謂屈原

　《九章》、《九歌》也。　　吳淇撰

東白堂詞選初集十五卷　選自明迄今之作。　　佟世南編

名家詞鈔　無卷數。選自吳偉業、龔鼎萃以下,凡三十家。　　聶先編

林下詞選十四卷　輯歷代閨閣之詞。　　周銘編

浙西六家詞十卷　不著編輯人名氏。所選爲朱彝尊、李良年、沈皞日、李符、沈岸

登、龔翔麟之詞。

　　右詞曲類詞選之屬存目七部五十五卷。　内一部無卷數。

詞藻四卷　是書《總目》未載,據《簡明目録》增入。　　彭孫遹撰

詞話二卷　毛奇齡撰

詞苑叢談十二卷　徐釚撰

　　右詞曲類詞話之屬著録二部十四卷,增入一部四卷。

古今詞話六卷　沈雄撰

古今詞論一卷　王又華撰

填詞名解四卷　毛先舒撰

　　右詞曲類詞話之屬存目三部十一卷。

詞律二十卷　萬樹撰

---

①　“撰”,原作“篇”,據《總目》改。

右詞曲類詞譜之屬著録一部二十卷。

填詞圖譜六卷　續集二卷　賴以邠撰

詞韻二卷　仲恒撰

詞學全書十四卷　查繼超編

右詞曲類詞譜詞韻之屬存目三部二十四卷。

南曲入聲客問一卷　毛先舒撰

右詞曲類南北曲之屬存目一部一卷。

卷六

著書人物考

以經史子集四部中初見之書爲次。

孫奇逢　字啓泰，容城人。前明舉人，入本朝講學，崇祀孔子廟庭。

王夫之　字而農，衡陽人。前明舉人，入本朝著書行世。

刁包　字蒙吉，祁州人。前明舉人，入本朝著書行世。

錢澄之　原名秉鐙，字飲光，桐城人。

黄宗羲　字太冲，餘姚人。

黄宗炎　字晦木，宗羲弟。

王宏撰　字無異，華陰人。

毛奇齡　一名甡，字大可，①蕭山人。康熙己未舉博學鴻詞，授檢討。

喬萊　字石林，寶應人。康熙己未舉博學鴻詞，官侍讀。

張烈　字武承，大興人。康熙庚戌進士，己未舉博學鴻詞，官左春坊左贊善。

李光地　字晉卿，安溪人。康熙庚戌進士，官大學士，諡文貞。

陳夢雷　字省齋，閩縣人。順治己丑進士，官編修。

包儀　字羽脩，邢臺拔貢生。

魏荔彤　字念庭，柏鄉人，官常鎮道。

張英　字敦復，桐城人。康熙丁未進士，官大學士，諡文端。

胡渭　字胐明，德清人。

---

①　“大可”，原作“可大”，據 1997 年中華書局出版《清史稿》（以下簡稱《清史稿》）及《總目》改。

納喇性德　字容若,滿洲正黃旗人。康熙丙辰進士,官乾清門侍衞。

李塨　字剛主,蠡縣舉人,官通州學正。

楊名時　字賓實,江陰人。康熙辛未進士,官禮部尚書,諡文定。

朱軾　字若瞻,高安人。康熙甲戌進士,官大學士,諡文端。

查慎行　字初白,海寧人。康熙癸未進士,官編修。

惠士奇　字仲儒,吳縣人。康熙己丑進士,官侍讀。

胡煦　字曉滄,光山人。康熙壬辰進士,官禮部侍郎,諡文良。

陳法　字定齋,安平人。康熙癸巳進士,官大名道。

晏斯盛　字一齋,新喻人。康熙辛未進士,官湖北巡撫。

沈起元　字子大,太倉人。康熙辛丑進士,官光禄寺卿。

王又樸　字介山,天津人。雍正癸卯進士,官廬州府同知。

潘思榘　字補堂,陽湖人。雍正甲辰進士,官福建巡撫。

任啟運　字翼聖,荊溪人。雍正癸丑進士,官宗人府府丞。

王心敬　字爾緝,鄠縣人。

惠棟　字定宇,元和人。

任陳晉　字似武,興化人。乾隆己未進士,官徽州府教授。

程廷祚　字緜莊,上元人。

連斗山　字叔度,潁州人。

趙繼序　字易門,休寧舉人。

翟均廉　字春沚,仁和舉人,官内閣中書舍人。

鄭廣唐　緝雲人,前明舉人,官福建按察使僉事。

胡世安　字處靜,井研人。前明進士,官本朝大學士。

岳虞巒　字舜牧,武進人。[①]　前明進士,官江西按察使,入本朝爲僧,自稱東海衲民。

趙世對　字襄臣,衢州人。

徐繼發　字繩武,貴溪人。

---

①　"武進",原作"□□",據《總目》補。

紀克揚　字武維，文安人。

陸位時　字興偕，錢塘人，前明鄞縣訓導。

李開先　字傳一，長壽人。

蕭雲從　字尺木，蕪湖人。前明副貢生。

張爾岐　字稷若，濟陽人。

謝復荑　字菁萊，①吉水人。

孫應龍　字海門，餘杭人。順治丁亥進士，官隰州知州。

朱奇穎　字九愚，嘉定人，官平遙知縣。

葉矯然　字思菴，閩縣人。順治壬辰進士，官樂亭知縣。

王芝藻　字淇瞻，溧水舉人。

張完臣　字良哉，平原人。順治乙未進士。

張沐　字仲誠，上蔡人。順治戊戌進士，官資縣知縣。

周漁　字大西，興化人。順治己亥進士，官編修。

湯秀琦　字弓菴，臨川人，官都陽訓導。

郁文初　字郁溪，蘄州人，官肇慶知府。

陳圖　字寄巖，永豐人。

王艮　字無悶，歙縣人。

吳舒鳧　字吳山，吳縣人。

徐世沐　字爾瀚，江陰人。

邵嗣堯　郇陽人，康熙庚戌進士，官江南提學副使。

陳詵　字叔大，海寧舉人。官禮部尚書，謚清恪。

潘元懋　字友碩，鄞縣人。

劉蔭樞　字喬南，韓城人。康熙丙辰進士，官貴州巡撫。

徐善　字敬可，秀水人。

應撝謙　字嗣寅，錢塘人。

---

①　"萊"，《總目》作"來"。

趙振芳　字香山，山陰人。

徐在漢　字寒泉，歙縣人。

張問達　字天民，江都人。

浦龍淵　字潛夫，吳縣人，官城步知縣。

于琳　平湖人。

沈廷勘　字克齋，嘉興人，官商州知州。

孫宗彝　高郵人。

江見龍　字壽水，杭州諸生。

姜兆錫　字上均，丹陽舉人。

黃叔琳　字崑圃，大興人。康熙辛未進士，官詹事，加吏部侍郎銜。

張步瀛　字翰仙，新安人，康熙辛未進士。

冉覲祖　字永光，中牟人。康熙辛未進士，改庶吉士。

馮昌臨　字與肩，嘉興人。

王明弼　字亭二，陝西人，官鳳翔教授。

吳隆元　字易齋，歸安人。康熙甲戌進士，官太常寺少卿。

朱江　字東注，江都人。

張德純　字能一，長洲人，官常山知縣。

朱襄　無錫人。

戴虞皋　字遜軒，崑山人。

方鯤　字羽南，桐城人。

李寅　字東崖，吳江人。

張文炳　字明德，絳州人，官泗州知州。

吳德信　字成友，九江人。

方苯如　字葯房，淳安人。

胡良顯　字忠遂，漢陽舉人，官武城知縣。

田嘉穀　字樹滋，陽城人。康熙壬辰進士，官編修。

劉元龍　字凝焉，饒陽人。

王士陵　字阿瞻，武邑舉人，官翁源知縣。

李文焰　字朗軒，善化舉人。

沈昌基　字儒珍，烏程人。

戴天章　字漢文，湖州人。

戴天恩　字福承，蕭山人。

應麟　字囿呈，宜黃舉人。

楊陸榮　字采南，青浦人。

崔紀　字南有，永濟人。康熙戊戌進士，官副都御史。

吳啓昆　字宥函，江寧人。康熙辛丑進士，官編修。

陸奎勳　字坡星，平湖人。康熙辛丑進士，官檢討。

陳綽　字文裕，福安人。

夏宗瀾　字起八，江陰人，官國子監助教。

羅登標　字子建，寧化舉人，官松溪教諭。

汪璲　字文儀，休寧人。

吳映　字沐日，晉江人。

劉琯　字獻白，棗強人。

劉紹攽　三原人。

范咸　字貞吉，錢塘人。雍正癸卯進士，官監察御史。

郜煜　字光庭，汝州人。雍正癸卯進士，官中書。

劉斯組　字斗田，新建人，官杞縣知縣，

顧昺　字虛莊，南匯舉人。

林贊龍　字雲澤，侯官舉人。

饒一辛　字治人，南城人。

上官章　字闇然，乾州人。

魏樞　字又弼，承德人。雍正庚戌進士，官永平教授。

張敘　字鳳岡，太倉舉人。

錢偲　字堅瓠，錢塘副貢生。

牛運震　字階平,滋陽人。雍正癸丑進士,官平番知縣。

童能靈　字龍儔,連江貢生。

楊方達　字符蒼,武進人。

倪濤　字崑渠,錢塘人。

吳汝惺　字匪席,德州人。

王俶　字善思,彭山人。

許體元　字御萬,靈武人。

申爾宣　字伯言,河南人。

朱用行　字翼承,新建人。

薛雪　字生白,蘇州人。

金綖　字絲五,吳縣人。

金誠　字閑存,華亭人。

胡淳　字厚菴,慶雲人,乾隆丙辰進士。

吳鼐　字大年,無錫人。乾隆丙辰進士,官工部主事。

徐鐸　字令民,鹽城人。乾隆丙辰進士,官山東布政使。

宋邦綏　字逸才,長洲人。乾隆丁巳進士,官兵部左侍郎。

朱如日　字洞彝,蓮花廳人。

張祖武　長安舉人。

朱瓚　字稿霱,全椒人。

孫夢逵　字中伯,常熟人。乾隆壬戌進士,官宗人府主事。

許伯政　字惠棠,巴陵人。乾隆壬戌進士,官山東道監察御史。

萇任周　字穆亭,汜水人。乾隆壬戌進士,官宜君知縣。

張蘭皋　字天隨,武進人。

汪憲　字千陂,錢塘人。乾隆乙丑進士,官刑部員外郎。

向德星　字雲路,漵浦人。

張仁浹　秀水人。

唐一麟　宜興人,官江寧訓導。

吳鼎　字尊彝,金匱人。乾隆辛未舉經學,官侍讀學士。

周大樞　字元木,山陰舉人,官平湖教諭。

邵晉之　字敘階,仁和舉人。

喬大凱　字賾菴,①濟寧州舉人。

朱宗洛　字紹川,無錫人。乾隆庚辰進士,官天鎮知縣。

周世金　字仲蘭,衡山人。

王琬　渭南人。

曹庭棟　字六吉,嘉善人。

劉鳴珂　字伯容,蒲城人。

貢渭濱　字羨溪,丹陽人。

吳脈鬯　字灌先,蓬萊人。

黎由高　字鵬鷟,通城人。

黃家杰　臨川人。

王芝蘭　自稱伊南人。

劉天真　字汝迪,興國州人,官安仁訓導。

姚球　字頤真,無錫人。

鄭國器　湘鄉人。

黃燐　字暘谷,湘潭人。

趙世迴　字鐸峯,湘潭人。

黃元御　字坤載,昌邑諸生。

曹澐　蘇州諸生。

閻若璩　字百詩,太原人,徙居山陽,康熙己未博學鴻詞。

朱鶴齡　字長孺,吳江人,前明諸生。

蔣廷錫　字揚孫,常熟人。康熙癸未進士,官大學士,謚文肅。

徐文靖　字位山,當塗人。雍正癸卯舉人,乾隆元年舉鴻博,不入格。十七年舉經

---

　　①　"賾",《總目》作"頤"。

學,授檢討。

孫承澤　字退谷,益都人,世隸上林衛籍,故自稱曰北平。前明進士,官兵科給事中,入本朝官吏部侍郎。

錢肅潤　字礎日,無錫人。

陸隴其　字稼書,平湖人。康熙庚戌進士,官嘉定、靈壽二縣知縣,行取御史。雍正二年,從祀孔子廟庭。乾隆二年,追謚清獻。

劉懷志　字貞儒,武強人。

曹爾成　字得忍,無錫人。

蔣家駒　字千里,丹陽舉人,官懷集知縣。

王澍　字若霖,金壇人。康熙壬辰進士,官給事中。

徐志遴　字掄英,新城舉人。

湯奕瑞　字玉峯,南豐人,官福建鹽塲大使。

華玉淳　字師道,金匱人。

顧棟高　字震滄,無錫人。康熙辛丑進士,乾隆辛未舉經學,賜國子監司業,丁丑加祭酒銜。

沈彤　字貫雲,吳江人,預修三禮及《一統志》,議敘九品官。

郭兆奎　平湖人。

閻循觀　字懷庭,昌樂人。乾隆丙戌進士,官吏部考功司額外主事。

江昱　字賓谷,甘泉貢生。

吳蓮　字余嘉,江都人。

孫之騄　字晴川,仁和人,官慶元教諭。

陳啓源　字長發,吳江人。

陳大章　字仲夔,黃岡人,康熙戊辰進士,改庶吉士。

惠周惕　字元龍,長洲人。康熙辛未進士,由庶吉士改密雲知縣。

嚴虞惇　字寶成,常熟人。康熙丁丑進士,官太僕寺少卿。

黃中松　字仲嚴,上海人。

范家相　字蘅洲,會稽人。乾隆甲戌進士,官柳州知府。

姜炳璋　字石貞,象山人。乾隆甲戌進士,官石泉知縣。

顧鎮 字備九,常熟人。乾隆甲戌進士,官宗人府主事。

提橋 字景如,河閒人。前明進士,官本朝刑部侍郎。

吳肅公 字雨若,宣城人。

張能鱗 字西山,順天人。順治丁亥進士,官四川按察司副使。

秦松齡 字留仙,無錫人。順治乙未進士,康熙己未博學鴻詞,官左春坊左諭德。

王鍾毅 字遠生,華亭歲貢生。

趙燦英 字殿颺,武進人。

李鍾僑 字世邠,安溪人。康熙壬辰進士,官編修,降補國子監丞。

黃夢白 字金孺,無錫人。

陳曾 字衣聖,無錫人。

王承烈 字復菴,涇陽人。康熙己丑進士,官檢討。

諸錦 字襄七,秀水人。雍正甲辰進士,乾隆丙辰博學鴻詞,官右春坊右贊善。

劉青芝 字芳草,襄陽人。雍正丁未進士,改庶吉士。

謝起龍 字天愚,餘姚人。

葉西 字書山,桐城人。乾隆己未進士,官左春坊左庶子,降補編修。

史榮 字雪汀,鄞縣人。

紀昭 字懋園,獻縣人。乾隆丁丑進士,官內閣中書舍人。

范芳 芳亦作方,字令則,如皋人。

姜文燦 字我英,丹陽人。

李光坡 字耜卿,光地弟。

李鍾倫 字世得,安溪舉人。

方苞 字鳳九,桐城人。康熙舉人,官內閣學士兼禮部侍郎,後落職修書,以侍講致仕。

江永 字慎修,婺源人。

高愈 字紫超,無錫歲貢生。

萬斯大　字充宗，①鄞縣人。

沈淑　字季和，常熟人，雍正癸卯進士。

王文清　字九溪，寧鄉人。雍正甲辰進士，官宗人府主事。

李大濚　安溪人。

高宸　字北侍，福清諸生。

吳廷華　字中林，仁知舉人，官福建海防同知。

蔡德晉　字仁錫，無錫舉人，官司務。

盛世佐　秀水人，官龍里知縣。

徐乾學　字原一，崑山人。康熙庚戌進士，官刑部尚書。

馬騆　字德淳，山陰人。

朱建子　字辰起，秀水人。

朱董祥　字熊占，長洲人。

邵泰衢　字鶴亭，錢塘人，官欽天監左監副。

邱元復　字漢標，諸城人。

沈元滄　字麟洲，仁和人，官文昌知縣。

劉青蓮　字華岳，襄城人。

孫濩孫　字邃人，高郵人。雍正庚戌進士，官監察御史。

徐世溥　字巨源，新建人，前明諸生。

汪紱　字燦人，婺源人。

張怡　字自怡，江寧人。明末以父蔭錦衣衛千戶。

孫自務　字樹本，安邱歲貢生。

劉凝　字二至，南豐人，官崇義訓導。

汪基　字警齋，休寧人。

張必剛　字繼夫，潛山人，乾隆壬戌進士。

秦蕙田　字樹峯，金匱人。乾隆丙辰進士，官刑部尚書，諡文恭。

———————————

①　"充"，原作"允"，據《總目》及《清史稿》改。

胡掄　字應麟，武進人。

梁萬方　字廣菴，絳州人。

許三禮　字典三，湯陰人。順治辛丑進士，官兵部右侍郎。

王復禮　字需人，錢塘人。

張文嘉　字仲嘉，錢塘人。

顧炎武　字寧人，崑山人。

俞汝言　字石吉，秀水人，前明諸生。

馬驌　字驄御，鄒平人。順治己亥進士，官淮安推官，終靈璧知縣。

高士奇　字澹人，錢塘人，官內閣學士。

徐庭垣　秀水人，官新昌縣丞。

張尚瑗　字宏蘧，吳江人。康熙戊辰進士，由庶吉士改興國知縣。

焦袁熹　字廣期，金山舉人。

張自超　字彝歎，高淳人，康熙癸未進士。

陳厚耀　字泗源，泰州人。康熙丙戌進士，官右諭德。

顧奎光　字星五，無錫人，乾隆乙丑進士，官瀘溪知縣。

姜希轍　字二濱，餘姚人。前明舉人，官本朝奉天府丞。

嚴啓隆　字爾泰，烏程人，前明諸生。

嚴毅　字佩之，無錫人，前明諸生。

金甌　字完城，秀水人。

翁漢麐　字仔安，常熟人。

華學泉　字天沐，無錫人。

李集鳳　字翩升，山海衛人，官洛陽縣丞。

邱鍾仁　字近夫，崑山人，康熙戊午舉鴻博，不與試，特賜中書舍人。

張希良　字石虹，黃安人。康熙乙丑進士，官侍讀學士。

儲欣　字同人，宜興人，康熙庚午舉人。

蔣景祁　字京少，宜興人。

王源　字崑繩，大興人。

盧軒　字六以，海寧人。康熙己丑進士，官編修。

朱元英　字師晦，上元人，康熙己丑進士。

孫嘉淦　字錫公，興縣人。康熙癸巳進士，官協辦大學士，謚文定。

蘇本潔　字幼清，常熟舉人，官興化知府。

朱奇齡　字與三，海寧貢生。

吳陳琰　子寶崖，錢塘人。

顧宗瑋　字廷敬，吳江人。

馮李驊　字天閑，錢塘人。

陸浩　字大瀛，定海人。

郜坦　淮安人。

劉夢鵬　字雲翼，蘄水人。乾隆辛未進士，官饒陽知縣。

孫從添　字石芝，常熟人。

過臨汾　長洲人。

李文淵　字靜叔，益都人。

吳守一　字萬先，歙縣人。

湯啓祚　字迪宗，寶應人。

吳應申　字文在，歙縣人。

魏裔介　字石生，柏鄉人。順治丙戌進士，官大學士，乾隆元年追謚文毅。

蔣永修　字慎齋，宜興人。順治丁亥進士，官平越知府。

應是　字敬非，麟之父也，舉人。

吳之騄　字耳公，歙縣舉人，官鎮江教授。

李之素　字定菴，麻城人。

張星徽　字北山，永城人。

吳浩　字養齋，華亭人。

鄭方坤　字則厚，建安人。雍正癸卯進士，官兗州知府。

沈廷芳　字椒園，仁和人。乾隆丙辰博學鴻詞，官山東按察使。

程川　字酈渠，錢塘人，乾隆丙辰博學鴻詞。

陳祖范　字亦韓,常熟人。雍正癸卯會試中式舉人,乾隆辛未舉經學,特賜司業銜。

沈炳震　字東甫,歸安人。

余蕭客　字仲林,長洲人。

孫穀　字子雙,華容人。

沈起　字仲方,秀水人。前明諸生,後爲沙門。

龔廷歷　字玉成,武進人。順治壬辰進士,官湖南推官。

吕治平　字愚菴,海寧人,官德清教諭。

齊祖望[①]字望子,廣平人。康熙庚戌題名,官南安知府。

周象明　字懸著,太倉舉人。

江爲龍　桐城人,康熙庚辰進士,官吏部主事。

盧雲英　盧江人。

邵向榮　字東葵,餘姚人。康熙壬辰會試中式舉人,官鎮海教諭。

李重華　字君實,吴江人。雍正庚戌進士,官編修。

王皜　字又皜,六安人。

陳鶴齡　字瑤賓,南通州人。

張絅　潛山人。

楊魁植　字輝斗,長泰人。

楊文源　字澤汪,魁植子。

丁愷曾　字萼亭,日照人。

黄文澍　字雨田,豐城人。

程大中　字拳時,應城人,乾隆丁丑進士。

周在延　祥符人,流寓江寧。

薛鳳祚　字儀甫,益都人。

秘丕笈　字仲負,故城人。康熙癸丑進士,官陝西提學副使。

閔嗣同　字來之,烏程人,官景寧教諭。

---

①　“齊”,原作“齋”,据《總目》及《題名録》改。

陸邦烈　字又超,平湖人。

李顒　字中孚,盩厔人。康熙己未舉鴻博,以年老不赴。四十二年西巡,賜額獎之。

邱嘉穗　字實亭,上杭舉人,官歸善知縣。

朱謹　字雪鴻,崑山人。

孫見龍　字叶飛,烏程人。康熙癸巳進士,改庶吉士。

張文薦　字風林,蕭山舉人,官成都知縣。

王植　字槐三,深澤人。康熙辛丑進士,官邠州知州。

夏力恕　字觀川,孝感人。康熙辛丑進士,官編修。

任大任　字鈞衡,吳江人。

王步青　字漢階,金壇人。雍正癸卯進士,官檢討。

桑調元　字弢甫,錢塘人。雍正癸丑進士,官工部主事。

蕭正發　字次方,盧陵人。

康呂賜　字復齋,武功人。

王功　鄂縣人,心敬子。

胡在甪　永年人,乾隆丙辰進士,官松滋知縣。

劉琴　字松雪,任邱人。乾隆丙辰進士,官順義教諭。

陳鉉　字宏猷,嘉定人。

李祖惠　本姓沈,字屺望,嘉興人。乾隆壬申進士,官高安知縣。

范凝鼎　字庸齋,洪洞拔貢生。

戴鉉　字景亭,長洲人。

王國瑚　字夏器,臨縣人。

劉醇驥　字千里,廣濟人。

胡彥升　字竹軒,德清人。雍正庚戌進士,官定陶知縣。

王坦　字吉途,南通州人。

孔貞瑄　字璧六,曲阜舉人,官大姚知縣。

呂夏音　字大昭,新昌舉人。

王建常　字仲復,渭南人。

顧陳垿 字玉亭，太倉舉人，官行人司行人。

周模 儀封人。

何夢瑤 字報之，南海人，雍正庚戌進士。

沈光邦 臨海人，官中書舍人。

潘士權 字龍菴，黔陽人，官太常寺博士。

羅登選 衡山人。

張紫芝 字鷺山，杭州人。

潘繼善 字本菴，婺源人。

都四德 字乾文，滿洲鑲紅旗人。

黃生 字扶孟，歙縣人，前明諸生。

杭世駿 字大宗，仁和人。乾隆丙辰博學鴻詞，授編修。

吳玉搢 字山夫，山陽廩貢生，鳳陽府訓導。

王言 字慎旃，仁和人。

周靖 字敉寧，吳縣人。

顧藹吉 字南原，長洲人。

廖文英 字百子，連州人，官南康知府。

林尚葵 字朱臣，莆田人。

李根 字阿靈，晉江人。

錢邦苎 字開少，丹徒人。晚爲僧，號大錯。

馮調鼎 字雪鷗，華亭人。

閔齊伋 字寓五，烏程人。

顧景星 字黃公，蘄州人。康熙己未舉博學鴻詞。

吳任臣 字志伊，仁和人。

吳震方 字青壇，石門人。康熙己未進士，官監察御史。

陳策 字嘉謀，錢塘人。

熊文登 字于岸，南昌人。

傅世垚 字賓石，歸德人。

程德洽　字學瀾，長洲人。

佟世男　滿洲鑲黃旗人。

汪立名　字西亭，婺源人，官工部主事。

姜日章　字旦童，如皋人。

楊錫觀　字容若，無錫人。

成端人　字友端，陽城人。

劉臣敬　字恭邵，江陰人。

李京　字元伯，高陽人。

衛執殼　字子覲，執蒲弟。

紀容舒　字遲叟，獻縣舉人，官姚安知府。

柴紹炳　字虎臣，仁和人。

楊慶　字憲伯，泰州人，前明諸生。

毛先舒　字稚黃，仁和人。

耿人龍　字書升，江陰人。

吳國縉　字玉林，全椒人，順治壬辰進士。

萬斯同　字季野，鄞縣人。

虞德升　字聞子，錢塘人。

潘耒　字次耕，吳江人。康熙己未博學鴻詞，授檢討。

施何牧　蘇州人，康熙戊辰進士。

熊士伯　字西牧，南昌人，官廣昌教諭。

仇廷模　字季亭，寧波舉人，官知縣。

錢人麟　字鑄菴，武進舉人，官蕭山知縣。

莫宏勳　字誠齋，錢塘人。

樊騰鳳　字凌虛，堯山人。

劉維謙　字讓宗，松江人。

吳起元　字復一，震澤人。

龍爲霖　字雨蒼，成都人，官潮州知府。

王祚禎　字楚珍,大興人。

潘遂先　句容人。

汪越　字師退,南陵人,康熙己酉舉人。

徐克范　字堯民,南陵人。

厲鶚　字太鴻,錢塘舉人。

陳景雲　字少章,吳江諸生。

芮長恤　字蒿子,溧陽人,前明諸生。

張庚　字浦山,秀水人。

李學孔　字瞻黃,渭州人,官大寧衛斷事。

吳偉業　字俊公,太倉人。前明進士,授編修官,本朝祭酒。

谷應泰　字賡虞,豐潤人,順治丁亥進士,官浙江提學僉事。

馮甦　字再來,臨海人。順治戊戌進士,官刑部侍郎。

藍鼎元　字玉霖,漳浦人,官廣州知府。

姚之駰　字魯斯,錢塘人。康熙辛丑進士,官監察御史。

李鍇　字鐵君,鑲白旗漢軍。

傅維鱗　靈壽人,順治丙戌進士,官工部尚書。

吳綏　字韓章,無錫人。

李鳳雛　字梧岡,東陽人,官曲江知縣。

潘永圜　字大生,金壇人。

龍體剛　字鐵芝,永新人。

郭倫　字凝初,蕭山人。

毛霶　字荊石,掖縣人。

李確　字潛初,海鹽人。

李仙根　字南津,遂寧人。順治辛丑進士,官戶部侍郎。

夏駟　字宛東,湖州人。

楊捷　字元凱,鑲黃旗漢軍,官江南提督。

王得一　字種龍,螺陽人。

方象瑛　字渭仁,遂安人。康熙丁未進士,官侍講。

俞益謨　字嘉言,寧夏人,官湖廣提督。

余美英　字璇伯,錢塘人。

王萬澍　字霍霖,常寧人。

張勇　字飛熊,上元人。官甘肅提督,封靖逆侯,加太子少傅兼太子太師。

靳輔　字紫垣,鑲紅旗漢軍,官兵部尚書。

郭琇　字華野,即墨人。康熙庚戌進士,官湖廣總督。

衛執蒲　字禹疇,①韓城人。順治辛丑進士,官左都御史。

李之芳　字鄴園,武定人。順治丁亥進士,官大學士,諡文襄。

郝惟訥　字敏公,霸州人。順治丁亥進士,官吏部尚書。

朱宏祚　字徽蔭,高唐人,官廣東巡撫。

楊素蘊　字筠湄,宜君人。順治壬辰進士,官湖廣巡撫。

余縉　字仲紳,諸暨人。順治壬辰進士,官河南道監察御史。

胡文學　字卜言,鄞縣人。順治壬辰進士,官福建道監察御史。

徐越　字山琢,山陽人。順治壬辰進士,官兵部督捕左理事官。

楊雍建　字自西,海寧人。順治乙未進士,官兵部侍郎。

于成龍　字北溟,永寧人。前明拔貢官,本朝湖廣總督。

萬正色　字中菴,晉江人。

董訥　字兹重,平原人。康熙丁未進士,官江南總督。

田文鏡　正黃旗漢軍,官河東總督,諡端肅。

朱之錫　字孟九,義烏人。康熙壬辰進士,官河道總督。乾隆四十五年,封爲河神,號曰助順永寧佑安侯,祀於濱河州縣。

曹本榮　黃岡人,順治己丑進士,官侍講學士。

宋際　字羮修,松江人。

慶長　字簡臣,松江人。

---

①　"疇",《總目》作"濤"。

孟衍泰 孟子後裔,襲五經博士。

王特選 滕縣人。

仲蘊錦 濟寧人。

楊方晃 字東陽,磁州人。

李灼 字松亭,嘉定人。

黃晟 字曉峯,歙縣人。

王懋竑 字子中,寶應人。康熙戊戌進士,官編修。

項亮臣 徽州人,官婁縣訓導。

閔元衢 字康侯,烏程人。

聞性善 字與同,寧波人。

聞性道 字天逌,性善弟。

徐沁 字埜公,會稽人。

黃家遴 奉天人,官嘉興知府。

張夏 無錫人。

張鵬翮 字運青,遂寧人。康熙庚戌進士,官大學士,謚文端。

彭定求 字訪濂,長洲人。康熙丙辰進士第一,官侍講。

黃中 字平子,舒城人。

吳存禮 奉天人,官江南巡撫。

朱世潤 朱子十八世孫,襲五經博士。

李紱 字巨來,臨川人。康熙己丑進士,官內閣學士兼禮部侍郎。

左宰 桐城人。

史珥 鄱陽人,乾隆甲戌進士,官吏部主事。

舒敬亭 字孝徵,銅山人。

沈志禮 字範先,會稽人,官廣東按察使。

陳鼎 字定九,江陰人。

沈佳 字昭嗣,仁和人。康熙戊戌進士,官安化知縣。

李清馥 字根侯,光地孫,官廣平知府。

曹溶　字潔躬，秀水人。前明進士，官監察御史，官本朝戶部侍郎，出爲廣東布政使，左遷山西陽和道。

孫蕙　字樹百，淄川人。順治辛丑進士，官給事中。

陳允衡　字伯璣，南昌人。

徐賓　字用王，常熟人。

胡時忠　字慎三，無錫人，前明舉人。

項玉筍　字和父，秀水人。

王崇炳　字虎文，東陽人。

朱顯祖　字雪鴻，江都副貢生。

湯斌　字孔伯，睢州人。順治己丑進士，官工部尚書，諡文正，從祀孔子廟庭。

趙吉士　字恒夫，休寧舉人，官戶科給事中。

邵燈　字無盡，常熟人。順治壬辰進士，官河南河道。

耿介　字介石，登封人。順治壬辰進士，官大名道。

王士禛　字貽上，新城人。順治乙未進士，官刑部尚書，諡文簡。

高兆　字雲客，侯官人。

范鄗鼎　字彪西，洪洞人，康熙丁未進士。

張恒　字北山，松江人。

胡永禔　字鴻儀，無錫人。

吳允嘉　字志上，錢塘人。

何屬乾　字不息，廣昌人，官永新訓導。

費緯裯　字約齋，鄞縣人。

黃容　字敍九，吳江人。

胡作柄　荊門人。

熊賜履　字敬修，孝感人。康熙戊戌進士，官大學士。

張伯行　字孝先，儀封人。康熙乙丑進士，官禮部尚書，諡清恪。

盛楓　字丹山，秀水人。

孔尚任　字東塘，曲阜人，官戶部郎中。

楊錫綬 字方來,清江人。雍正丁未進士,官漕運總督,諡勤恪。

康偉然 字中江,漳州人,官興化教授。

彭遵泗 字磬泉,丹稜人。乾隆丁巳進士,官編修。

張璿 字玉衡,宛平人,官國子監典簿。

張先嶽 字北拱,晉江人。

余丙 字敬捷,禹州人。

郭景昌 字旭瑞,奉天人。

錢尚衡 字雲林,烏程人。

杜臻 字肇余,秀水人。順治戊戌進士,官禮部尚書。

孫廷銓 字伯度,益都人。前明進士,官本朝大學士,諡文定。

王鉞 字任菴,諸城人。順治己亥進士,官西寧知縣。

張學禮 字立菴,鑲藍旗漢軍,官廣西道監察御史。

盧崇興 字斗瞻,廣寧人,官台州巡道。

陸祚蕃 字武園,平湖人。康熙癸丑進士,官貴東道。

張榕端 字樸園,磁州人。康熙丙辰進士,官內閣學士兼禮部侍郎。

李澄中 字渭清,諸城人。康熙己未博學鴻詞,官侍讀。

余寀 字同野,山陰人。

畢曰澪 字秋岐,益都人,官任縣知縣。

許纘曾 字孝修,華亭人。康熙己丑進士,官雲南按察使。

黃叔璥 字玉圃,大興人。康熙己丑進士,官常鎮揚通道。

周宣智 字鏡亭,長沙人。

張體乾 字確齋,浮山人,官刑部郎中。

沈名蓀 字潤芳,錢塘人。

朱昆田 字文盎,彝尊子。

王士禄 字子底,新城人。順治壬辰進士,官吏部員外郎。

陳允錫 字薑齋,晉江人,官平湖知縣。

陳維崧 字其年,宜興人。康熙己未博學鴻詞,授檢討。

張愉曾　字庭碩，徽州人。

汪楫　字舟次，休寧人。康熙己未博學鴻詞，授檢討。

孔尚質　字元長，武陵人。

董穀士　字農山，烏程人。

董炳文　字霞山，穀士弟。

蔡方炳　字九霞，崑山人。

朱約淳　字博成，餘姚人。順治辛丑進士，官泰安知縣。

錢邦寅　字馭少，丹徒人。

邵元龍　松江人。

談遷　字孺木，海寧人。

蘇銑　交河人，順治丙戌進士，官西寧道。

王訓　字敷彝，安邱人。順治丁亥進士，官萬全知縣。

宋琬　字玉叔，萊陽人。順治丁亥進士，官四川按察使。

張貞　字起元，安邱拔貢，官翰林院孔目。

林謙光　字芝楣，長樂人。

張聖誥　字紫書，廣寧人，官登封知縣。

沈雘　字枚臣，長洲貢生，官雲南琅鹽井鹽課提舉。

管檜　武進人，官師宗知州。

林本裕　字益長，奉天人。

張萬壽　字鶴秋，浮山人，官揚州知府。

陳履中　字執夫，商邱人，官分巡寧夏道。

印光任　字黻昌，寶山人，官太平知府。

張汝霖　字芸墅，宣城人，官澳門同知。

沈炳巽　字繹旃，炳震弟。

趙一清　字誠夫，仁和人。

陳儀　字子翩，文安人。康熙乙未進士，官侍講充霸州等處營田觀察使。

傅澤洪　字稺君，鑲紅旗漢軍，官江南按察司副使。

齊召南　字次風,台州人。乾隆丙辰博學鴻詞,官禮部侍郎。

翁澍　字季霖,吳縣人。

閻廷謨　孟津人,順治丙戌進士,以工部主事督理河工。

崔維雅　新安舉人,官江蘇布政使。

顧士璉　字殷重,太倉人。

葉方恒　字學亭,崑山人。順治戊戌進士,官濟寧道。

陳士鑛　字宿峯,秀水人,以貢生授主事。

沈愷曾　歸安人,康熙壬戌進士,官山東道監察御史。

來鴻雯　蕭山人。

張文瑞　蕭山人。

張學懋　文瑞子。

馮祚泰　字粹中,滁州舉人。

郭起元　閩縣人,官宿虹同知。

沈光曾　秀水人,官高郵知州。

譚吉璁　字舟石,嘉興人,官登州知府。

姜宸英　字西溟,慈谿人。康熙丁丑進士,官編修。

范礽　會稽人,官南康推官。

何天爵　建昌人。

邱時彬　建昌人。

張萬選　字舉之,濟南人,官太平推官。

閔麟嗣　字賓連,歙縣人。

羅森　字約齋,大興人。順治丁亥進士,官陝西糧道。

蔣超　字虎臣,金壇人。順治丁亥進士,官編修,晚入峩眉山爲僧。

張崇德　字懋修,順天人,官渾源知州。

韓作棟　字公吉,鑲藍旗漢軍,官廣東按察司僉事。

曹熙衡　字素徵,錦州人,官貴州按察使。

張岱　字陶菴,劍州人,僑寓錢塘。

徐崧　吳江人。

張大純　長洲人。

柯願　字又鄒,龍溪人。康熙甲辰進士,以主事督理蕪湖鈔關。

趙寧　字又裔,山陰人,官長沙同知。

景日昣　字東陽,登封人。康熙辛未進士,官户部侍郎。

范承勳　鑲黃旗漢軍,官雲貴總督。

徐泌　字鶴汀,衢州人,官全州知州。

王維德　字洪緒,吳縣人。

毛德琦　字心齋,鄞縣人,官星子知縣。

陳文在　字新我,將樂人。

陶敬益　江寧人,官博羅知縣。

宋廣業　字澄溪,長洲人,官濟東道。

錢以塏　字蔗山,嘉善人,官東莞知縣。

吳騫　字益存,當塗人。康熙辛未進士,官惠州知府。

馮符录　字受之,南海人,官陸豐訓導。

傅王露　字玉笥,會稽人,康熙乙未進士,官編修,乾隆辛巳加中允銜。

王棨　字成木,諸城人。雍正癸丑進士,官兩廣鹽運使。

蔣宏任　字擔斯,海寧人。

姜虬緑　字秋島,烏程人。

聶欽　字劍光,泰安人。

潘廷章　字梅巖,海寧人。

夏基　字樂只,杭州人。

邱峻　字晴巖,仁和人。

陳宏緒　字士業,新建人。明末以晉州知州謫湖州,經歷鼎革後終於家。

鄭元慶　字芷畦,歸安人。

孫治　字宇台,仁和人。

徐增　字子能,吳縣人。

宋犖 字牧仲,商邱人,官吏部尚書。

郎遂 字趙客,池州人。

程元愈 字偕柳,寧國人。

沈廷璐 字元佩,寧國人。

施閏章 字尚白,宣城人。順治己丑進士,官江西布政司參議。康熙己未博學鴻詞,
授侍讀。

吳雲 字舫翁,安福人。

諸紹禹 松江人。

蕭韻 字明彝,南城舉人。

張暘 字東榑,錢塘人。

高崒 明高攀龍之裔。

高隆 同上。

高廷珍 同上。

高陞 同上。

周城 字石匏,嘉興人。

鄭之僑 字東里,潮陽人。乾隆丁巳進士,官寶慶知府。

吳綺 字園次,江都拔貢,官湖州知府。

宋俊 字長白,山陰人。

江闓 字辰六,貴陽人。

周亮工 字櫟園,祥符人。

方式濟 字屋源,康熙己丑進士,官中書舍人。

畢振姬 字亮四,高平人。順治丙戌進士,官廣西按察使。

司昌齡 高平人。

勞大輿 字宜齋,石門舉人,官永嘉教諭。

閔敘 字鶴翟,歙人。順治乙未進士,官監察御史。

汪价 字介人,自稱吳人。

陸次雲 字雲士,錢塘人,官江陰知縣。

夏之符 字玹伯,當塗人。

李麟光　字蓉州,①武進人。

牛天宿　字覲徽,章邱人,官瓊州知府。

葉燮　字星期,吳江人。康熙庚戌進士,官寶應知縣。

徐懷祖　字燕公,松江人。

項惟貞　字端伯,秀水人。

倪璠　字魯玉,錢塘舉人,官內閣中書舍人。

江德中　字漢若,徽州人,官廣西布政局參議。

文行遠　字樵菴,德化貢生。

陳祥裔　字藕漁,順天人,官成都通判。

黎定國　字于一,江都人。

吳秋士　字西湄,歙縣人。

吳闡思　字道賢,武進人。

張貞生　字簣山,廬陵人。順治戊戌進士,官侍讀學士。

圖理琛　先世葉爾羌人,官兵部職方司郎中。

陳倫炯　字資齋,同安人,以父昂蔭累官浙江水師提督。

潘鼎珪　字子登,晉江人。

李來章　字禮山,襄城舉人,官連山知縣。

徐葆光　字澄齋,吳江人。康熙壬辰進士,官編修。

段汝霖　字時齋,漢陽舉人,官建寧知府。

凌銘麟　字天石,杭州人。

鄭端　字司直,棗強人。順治己亥進士,官江南巡撫。

孫鋐　字可菴,錢塘人。

鍾淵映　字廣漢,秀水人。

郎廷極　字紫衡,鑲黃旗漢軍,官兩江總督。

張安茂　字蓼匪,松江人。順治丁亥進士,官浙江提學僉事。

---

① "州",《總目》作"洲"。

李周望 字渭湄,蔚州人。康熙丁丑進士,官祭酒。

謝履忠 字方山,昆明人。康熙癸未進士,官司業。

張行言 字躬先,江浦人。

彭其位 字素居,吴縣人。

劉宗魏 字友韓,贛州人。乾隆戊辰進士,官監察御史。

陳芳生 字瀨六,①仁和人。

俞森 字存齋,錢塘人,官湖廣布政司參議。

彭寧求 字文洽,長洲人。康熙壬戌進士,官左中允。

吴暻 字西齋,太倉人,康熙戊辰進士。

張端木 字崑喬,上海人。乾隆壬戌進士,官諸暨知縣。

黄虞稷 字俞邵,泉州人,流寓上元。

朱彝尊 字錫鬯,秀水人。康熙己未博學鴻詞,授檢討。

錢曾 字遵王,常熟人。

尤侗 字展成,長洲人,官永平推官。康熙己未博學鴻詞,官侍講。

林侗 字同人,侯官人。

葉封 字井叔,黄州人。順治己亥進士,官工部主事。

李光暎 字子中,嘉興人。

萬經 字授一,鄞縣人。康熙癸未進士,官編修。

褚峻 字千峯,郃陽人。

周在浚 字雪客,祥符人,流寓江寧。

張弨 字力臣,山陽人。

汪士鋐 字文升,長洲人。康熙丁丑進士,官右中允。

陳奕禧 字子文,海寧人,官南安知府。

葉萬 字石君,常熟人。

劉青藜 字太乙,襄城人。康熙丙戌進士,改庶吉士。

---

① "瀨",《總目》作"漱"。

浦起龍　字二田,無錫人。雍正甲辰進士,官蘇州教授。

劉善　字電齋,吉水人。

華慶遠　無錫人。

黃鵬揚　字遠公,晉江舉人,官知縣。

張彥士　字龍弼,定陶人,官黃縣訓導。

賀裳　字黃公,丹陽諸生。

施鴻　字則威,邵武貢生,官奉天經歷。

金維寧　字德藩,華亭舉人。

秦鏡　字非臺,翼城人。

王建衡　字月蘆,威縣貢生。

朱直　字少文,江蘇人。

葛震　字星巖,句容人。

張篤慶　字歷友,淄川拔貢。

仲宏道　字開一,嘉興人。

夏敦仁　字調元,武進人。

張鵬翼　字警菴,連城人。

宋士宗　字司秩,星子舉人。

費宏灝　字愚軒,湖州人。

劉鳳起　字蘭村,睢寧人。

周池　字商濂,湖口人。

陸世儀　字道成,太倉人。

周召　字公右,衢州人,官鳳縣知縣。

雷鋐　字貫一,寧化人。雍正癸丑進士,官副都御史。

茅星來　字豈宿,烏程諸生。

陳瑚　字言夏,太倉人,前明舉人。

白允謙　字子益,陽城人。前明進士,官本朝刑部尚書。

胡統虞　字孝緒,武陵人。前明進士,官本朝祭酒。

漆士昌　江陵人。

張時爲　字景明，餘干人，前明貢生。

黃采　字亮公，南城人。

王甡　字無量，金壇人。

顏元　字渾然，博野人。

鄭光羲　字夕可，無錫人。

朱澤澐　字止泉，寶應人。

黃百家　字主一，宗羲子。

王庭　字言遠，嘉興人。順治己丑進士，官山西布政使。

蕭企昭　字文超，漢陽副貢生。

顧棟高　字季任，吳江人，與無錫顧棟高同姓名。

秦雲爽　字開地，錢塘人。

陸鳴鼇　字石菴，仁和人，官河陽知縣。

蔣伊　字渭公，常熟人。康熙癸丑進士，官河南提學副使。

于準　字萊公，永寧人，官江蘇巡撫。

王嗣槐　字仲昭，錢塘人。康熙己未舉博學鴻詞，不與，授中書舍人。

孫子昶　字主一，聞喜人。康熙己未進士，官垣曲知縣。

陳兆成　字慎亭，常熟人。

竇克勤　字敏修，柘城人。康熙戊辰進士，官檢討。

葉鉁　字潛夫，嘉善人。

吳台碩　字位三，嘉定人。

朱崒　字良一，黃陂人。

劉源淥　字崑石，安邱人。

涂天相　字燮菴，孝感人。康熙癸未進士，官工部尚書。

譚旭　字東白，新建副貢生。

鄧鍾岳　字東長，聊城人。康熙辛丑進士第一，官禮部左侍郎。

勞史　字麟書，餘姚人。

何國材　字維楚,新城人。

程大純　字漢舒,孝感人,官黃陂教諭。

黃澄　字庭聞,莆田諸生。

陳宏謀　字汝咨,①臨桂人。雍正癸卯進士,官大學士,諡文恭。

許焞　字純也,海寧人。雍正癸卯進士,官編修。

周宗濂　字簡菴,華亭人,官潛山教諭。

張鏐　字紫峯,樂陵舉人,官內閣中書。

范爾梅　字梅臣,洪洞貢生。

祝洤　字人齋,海寧舉人。

秦望　字元宮,無錫人。

竇文炳　字質民,長安人。

程嗣章　字元朴,上元人。

陶圻　字旬方,秀水人。

謝王寵　陝西人。

王梓　字琴伯,郃陽人,官崇寧知縣。

蔡洛　武平人。

黃爲鶚　宜黃人。

任德成　字象元,吳江人。

王暾　字始旦,絳州人。

夏振翼　字遜門,蕪湖人。

鄧廷羅　字叔奇,江寧人,官荊南道。

傅禹　字服水,義烏人。

張泰交　字洎谷,陽城人。康熙壬戌進士,官浙江巡撫。

薛熙　字孝穆,蘇州人。

王明德　字金樵,高郵人,官刑部郎中。

---

①　"咨",原作"啓",據《總目》及《清史稿》改。

譚瑄　字子羽，嘉興舉人，官給事中。

劉應棠　字又許，奉新人。

楊岫　字雙山，西安人。

徐彬　字忠可，嘉興人。

程林　字雲來，休寧人。

喻昌　字嘉言，南昌人。

張登　字誕先，吳江人。

張倬　字飛疇，登弟。

王子接　字晉三，長洲人。

魏之琇　字玉橫，錢塘人。

徐大椿　字靈胎，吳江人。

陳治　字三農，華亭人。

馬元儀　蘇州人。

張璐　字路玉，吳江人。

陳士鐸　字遠公，山陰人。

李文來　字昌期，婺源人。

端木縉　字儀標，當塗人。

武之望　字叔卿，自稱關中人。

汪淇　字瞻漪，錢塘人。

黃宮繡　宜黃人。

吳儀洛　字遵程，海鹽人。

葉桂　字天士，吳縣人。

鄭重光　字在辛，歙縣人。

江之蘭　字含微，歙縣人。

王錫闡　字寅旭，吳江人。

胡亶　字勵齋，仁和人。

游藝　字子六，建寧人。

梅文鼎　字定九,宣城人。

梅文鼏　字爾表,文鼎弟。

揭暄　字子宣,廣昌人。

梅瑴成　文鼎孫,康熙乙未進士,官左都御史。

邵昂霄　字麗寰,餘姚拔貢。乾隆初,薦舉鴻博。

余熙　字晉齋,桐城人。

杜知耕　字臨甫,柘城人。

方中通　字位伯,桐城人。

陳訏　字言揚,海寧人,官淳安教諭。

陳世仁　海寧人,康熙乙未進士。

莊亨陽　字元仲,南靖人。康熙戊戌進士,官淮徐道。

屠文漪　字蒝洲,松江人。

李子金　柘城人。

顧長發　字君源,江蘇人。

湯倓　字漫湖,南豐人。

陶成　南城人,康熙己丑進士,官編修。

劉世衡　字何甫,永新人。

李灝　字柱文,自稱南豐人,又自稱嘉禾。

顧昌祚　字忍圃,婁縣舉人。由知縣降授萊州經歷。

徐燦　字郎亭,崑山舉人。

舒俊鯤　字潛夫,漵浦人。

秦錫淳　字沐雲,臨海人。

黃鼎　字玉耳,六安人。明末以諸生從軍積功至總兵官,入本朝官提督。

孫光煦　字丹扶,餘姚人,官棗城知縣。

梅自實　字有源,宣城人。

葉泰　字九升,婺源人。

程良玉　字元如,歙縣人。

陳應選 字子性,廣州諸生。

吳其貞 字公一,徽州人。

王毓賢 字星聚,鑲紅旗漢軍,官湖南按察使。

馮武 字簡綠,常熟人。

卞永譽 字令之,鑲紅旗漢軍,官刑部左侍郎。

鄒一桂 字讓鄉,無錫人。雍正丁未進士,官禮部侍郎。

蔣驥 字赤霄,金壇人。

姜紹書 字二酉,丹陽人。

郭礎 字石公,江都人。順治壬辰進士,官順德知府。

陶南望 字遜亭,上海人。

孔衍栻 曲阜人。

顧仲清 字咸三,嘉興人。

戈守智 字達夫,平湖人。

王樑 震澤人。

程雄 字雲松,休寧人。

和素 江寧人。

徐祺 太倉人。

莊臻鳳 字蜨菴,江寧人。

程允基 字寓山,徽州人。

朱象賢 字清溪,吳縣人。

胡正言 字日從,海陽人。

張仁熙 字長人,廣濟人。

曹素功 字聖臣,歙縣貢生。

林佶 字吉人,侯官舉人,賜內閣中書。

陸廷燦 字秩昭,嘉定人,官崇安知縣。

劉源長 字介祉,淮安人。

曹寅 字子清,鑲籃旗漢軍,巡視兩淮鹽政,加通政司銜。

吳菘　字綺園，歙縣人。

陳均　字康疇，歙縣人。

陳邦彥　字世南，海寧人。康熙癸未進士，官內閣學士兼禮部侍郎。

裴希度　字晉卿，陽曲人。前明進士，官本朝太常寺少卿

唐大陶　字鑄采，夔州人，官長子知縣。

陸圻　字麗京，錢塘貢生。

祝文彥　字方文，海寧人。

孫鍾瑞　字子麟，嘉興人。

李衷燦　字南村，①含山人，官荊門知州。

李丕則　曲沃人，順治乙未進士，官金溪知縣。

唐甄　字鑄萬，達州舉人，官長子知縣。

劉智　字介濂，江寧人。

張天柱　字孟高，秀水人。

王喆生　字素巖，崑山人。康熙壬戌進士，官編修。

方正瑗　字引除，桐城舉人，官潼商道。

葛芝　字龍仙，崑山人。

鄭道明　字希濂，懷寧副貢生。

金維嘉　字潯川，休寧人。

沈自南　字留侯，吳江人，順治壬辰進士，官蓬萊知縣。

何琇　字君琢，宛平人。雍正癸丑進士，官宗人府主事。

胡鳴玉　字廷佩，青浦貢生。乾隆丙辰薦舉鴻博。

董豐垣　字菊町，烏程人。乾隆辛未進士，官東流知縣。

劉堅　字青城，無錫人。

虞兆漋　字虹升，嘉興諸生。

呂種玉　字籃衍，長洲人。

---

①　"南村"，《總目》作"梅村"。

徐昂發　字大臨，長洲人。康熙庚辰進士，官編修。

方中履　字素北，桐城人。

王棠　字勿翦，歙縣人。

田同之　字在田，德州舉人，官國子監學録。

郭植　字于岸，古田人，乾隆壬戌進士。

盧世㴉　字德水，淶水人。前明進士，入本朝起福建道御史，以病乞歸。

程正揆　字端伯，孝感人。前明尚寶可卿，官本朝工部侍郎。

余國楨　字瑞人，遂安人。前明進士，官富順知縣。

陳恂　字子本，①海鹽人，前明舉人。

王崇簡　字敬哉，宛平人。前明進士，官本朝禮部尚書。

梁清遠　字邇之，真定人。順治丙戌進士，官吏部侍郎。

張習孔　字念難，歙縣人。順治己丑進士，官山東提學僉事。

原良　字鳴喜，樂安貢生，官寧都訓導。

姚際恒　字善夫，徽州人。

佟賦偉　字青士，襄平人，官寧國知府。

史旣濟　字若川，鄱陽人。

史白　字堅又，鄱陽人。

劉廷璣　字玉衡，鑲紅旗漢軍，官江西按察使，降補淮徐道。

裘君弘　字任遠，新建舉人。

程哲　字聖跂，歙縣人。

張祖年　字申伯，湯溪人。

蔡含生　字天度，蕭山人。

王孝詠　字慧音，吳縣人。

章楷　字柱天，新城人。雍正癸丑進士，官青田教諭。

袁棟　字漫恬，吳江人。

---

①　“本”，《總目》作“木”。

黃名甌　字馭卜,福州人。

劉體仁　字公勇,河南棣川衛人。順治乙未進士,官吏部郎中。

孫炯　字挈菴,承澤孫。

李仕學　字享敏①,揭陽人。

李瀅　字鏡石,興化人。

項真　字不損,秀水人。前明諸生,官本朝天門知縣。

成克鞏　字清壇,大名人。前明進士,官本朝大學士。

嚴有毅　字既方,歸安人。

蘇宏祖　字光啟,湯陰人。順治丙戌進士,官知縣。

王家啟　字誠菴,蔚縣舉人,官新會知縣。

丁其譽　字蚩公,如皋人。順治乙未進士,官行人司行人。

吳調元　字雨蒼,石城舉人,官教諭。

王晫　字丹麓,仁和人。

席啟圖　字文輿,震澤人,官內閣中書舍人。

朱潮遠　字卓月,揚州人。

張圻　字邑翼,崑山人。

牟允中　字叔庸,天津衛人。

閔忠　歸安人。

伍涵芬　字芝軒,於潛舉人。

黃齊賢　字敬思,嘉興人。

高元標　字琴山,嘉興人。

查嗣瑮　字德尹,海寧人。康熙庚辰進士,官侍講。

秦坊　字表行,無錫人。

王士俊　字犀川,平越人。康熙辛丑進士,官河東總督。

曹昌言　字禹拜,新建人。

---

① "享",《總目》作"亨"。

彭紹謙　字濟光，長洲舉人，官曹州同知。

陶煒　字賓玉，秀水人。

魏博　字約之，江寧人。

王之鈇　字郎川，湘陰人。

令狐亦岱　字太峯，猗氏人，官縉雲知縣。

馮班　字定遠，常熟人。

李日滌　字亦白，臨川人，前明貢生。

張潮　字山來，歙州人。

閔則哲　字睿先，應山人。

陳元龍　字廣陵，海寧人。康熙乙丑進士，官大學士，諡文簡。

宮夢仁　字定山，泰州人。康熙戊戌進士，官福建巡撫。

吳賓芝　石門人。

葛萬里　字夢航，崑山人。

單隆周　字昌其，蕭山人。

徐汾　字武令，錢塘人。

熊峻運　字在湄，新建人。

尹敏　字穎侯，自稱禾川南里，蓋嘉興人也。

朱虛　字邵齋，曹州人。順治丁亥進士，官紹興知府。

屠粹忠　字芝巖，定海人。順治戊戌進士，官兵部尚書。

龔在升　字聞園，嘉善人。順治己亥進士，官蘇州推官。

崔冕　字貢收，巢縣人。

李繩遠　字斯年，嘉興人。

王廷燦　錢塘舉人，官崇明知縣。

鄧志謨　字景南，饒安人。

魏方泰　字日乾，廣昌人。康熙癸未進士，官翰林學士。

周綸　字膺垂，華亭人，官國子監學正。

周世樟　字章成，太倉人。

方中德　字伯用,①桐城人。

丁昌遂　字秀崖,懷寧人。

華希閔　字豫原,無錫舉人。

楊文源　長泰人。

王繩曾　字武沂,無錫人。雍正庚戌進士,官揚州教授。

汪文柏　字季青,嘉興人,官兵馬司指揮。

陳應廛　字緝英,莆田人。

何懋永　字念修,山陰人。

汪學信　字以時,新安人。

馬瀚　字炎洲,順天人。

朱栗夷　字心菴,山陰人。

周魯　字南林,無錫人。

陳忱　字遐心,秀水人。

楊士聰　字朝徹,濟寧人。前明官檢討,入本朝官諭德。

宮偉鏐　泰州人,前明進士,官翰林。

鄭與僑　字惠人,濟寧人,前明舉人。

梁維樞　字慎可,真定人,前明工部主事。

鄒統魯　字大系,衡陽人。

蔡憲陞　字江雲,南昌人。

施男　字偉長,吉水人。

章撫功　字仁艷,錢塘人。

陶越　字艾村,秀水人。

李王逋　字肱枕,嘉興人。

金侃　字亦陶,吳縣人。

---

①　"伯用",《總目》作"用伯",《清史稿》及1987年中華書局出版《清史列傳》(以下簡稱《清史列傳》)作"田伯"。

傅燮詷 字去異,靈壽人,官汀州知府。

鈕琇 字玉樵,吳江拔貢,官陝西知府。

汪爲熹 字若木,桐鄉人,官鄢陵知縣。

楊式傳 字雪崖,鄞縣人。

徐岳 字秀方,嘉善人。

陳尚古 字雲瞻,德清人。

王蓍 字宓草,秀水人。

楊忍本 字因之,南城人。

余懷 字無懷,閩縣人。

胡興高 字岱瞻,黟縣舉人。

汪縉 字大紳,吳縣人。

張坦 字方平,泰安人。

吳世尚 貴池人。

徐廷槐 字立三,會稽人,雍正庚戌進士。

张世擎 字無夜,钱塘舉人。

陳兆成 字宜赤,上虞人。

袁仁林 字振千,三原人。

劉吳龍 字紹聞,南昌人。雍正癸卯進士,官都察院左都御史。

薛大訓 字六詁,吳縣人。

姜中貞 會稽人。

曹無極 字若水,金壇人。

蕭雲從 字尺木,當塗貢生。

蔣驥 字涑膡,武進人,與金壇蔣驥同姓名。

林雲銘 字西仲,侯官人。順治戊戌進士,官徽州通判。

方榘如 字文輖,淳安人。康熙丙戌進士,官豐潤知縣。

顧成天 字良哉,婁縣人。雍正庚戌進士,官侍講。

夏大霖 字用雨,衢州西安人。

屈復　字悔翁,蒲城人。

吳兆宜　字顯令,吳江諸生。

王琦　字琢崖,錢塘人。

仇兆鰲　字滄柱,鄞縣人。①　康熙乙丑進士,官吏部侍郎。

趙殿成　字松谷,仁和人。

徐樹穀　字藝初,崑山人。康熙乙丑進士,官山東道監察御史。

徐炯　字章仲,崑山人。康熙壬戌進士,官直隸巡道。

朱璘　字青巖,常熟人,官南陽知府。

吳瞻泰　字東巖,歙縣人。

張潛　字上若,磁州人。順治壬辰進士,改庶吉士。

張遠　字邇可,蕭山人,官縉雲教諭。

吳見思　字齊賢,武進人。

楊大鶴　字芝田,武進人。康熙己未進士,官左諭德。

吳喬　字修齡,太倉人。

王如錫　字武工,江寧人。

朱玉　朱子十六世孫。

范承謨　字覲公,鑲黄旗漢軍,官浙閩總督,謚忠貞。

汪琬　字苕文,長洲人。順治乙未進士。康熙己未博學鴻詞,授編修。

陳廷敬　字子端,澤州人。順治戊戌進士,官大學士,謚文貞。

葉方藹　字子吉,崑山人。順治己亥進士,官翰林院學士兼禮部侍郎,加禮部尚書
　　銜,謚文敏。

彭孫遹　字駿孫,海鹽人。順治己亥進士,康熙己未博學鴻詞,官吏部侍郎兼翰林院
　　學士。

嵇永仁　字留山,無錫人。死耿精忠之亂,贈國子監助教。

吳雯　字天章,遼陽人,寄籍蒲州。康熙己未舉鴻博,不中選。

---

①　"鄞縣",原作"□□",據《總目》及《題名録》補。

張玉書　字素存，丹徒人。順治辛丑進士，官大學士，謚文貞。

潘天成　字錫疇，溧陽人，寄籍桐城，爲安慶諸生。

田雯　字子綸，德州人。康熙甲辰進士，官户部侍郎。

趙執信　字伸符，益都人。康熙己未進士，官左贊善。

湯右曾　字西厓，仁和人。康熙戊辰進士，官吏部右侍郎兼翰林院掌院學士。

蔡世遠　字聞之，漳浦人。康熙己丑進士，官禮部侍郎，謚文勤。

儲大文　字六雅，宜興人。康熙辛丑進士，官編修。

黃之雋　字石牧，華亭人。康熙辛丑進士，官右中允。

汪由敦　字師茗，休寧人。雍正甲辰進士，官吏部尚書，贈太子太師，謚文端。

劉餘祐　字申徵，宛平人。前明兵部侍郎，官本朝户部尚書。

金之俊　字豈凡，吳江人。前明進士，官本朝大學士，謚文通。

李元鼎　字梅公，吉水人。前明進士，官本朝兵部左侍郎。

彭賓　字燕又，華亭人。前明舉人，官本朝汝寧推官。

陳之遴　字素菴，海寧人。前明官中允，入本朝官宏文院大學士。

范士楫　字箕生，定興人。前明進士，官本朝吏部郎中。

易學實　字去浮，雩都人，前明舉人。

王岱　字山長，湘潭人。前明舉人，官本朝澄海知縣，康熙己未舉鴻博。

湯來賓　字佐平，南豐人。前明進士，官廣東按察司僉事，明亡歸里。

高爾儼　字岱輿，靜海人。前明編修，官本朝大學士，謚文端。

呂陽　字全五，無錫人。前明進士，官本朝浙江布政司參議。

彭而述　字禹峯，鄧州人。前明知縣，官本朝貴州巡撫，左遷雲南布政使。

陳軾　字靜機，侯官人。前明進士，官本朝蒼梧道。

鄭宗奎　字圭甫，閩縣人。前明舉人，官本朝烏程知縣。

陳名夏　字百史，溧陽人。前明編修，官本朝大學士，緣事伏誅。《御製人臣儆心録》即爲名夏而作。

高珩　字蔥佩，淄川人。前明進士，官本朝刑部侍郎。

上官鉉　字三立，翼城人。前明進士，官本朝副都御史。

李呈祥　字其旋,霑化人。前明庶吉士,官本朝少詹事。

梁清標　字玉立,清苑人。前明庶吉士,官本朝大學士。

王翃　字介人,嘉興人。

曹亮武　字渭公,宜興人。

杜越　字君異,容城人。前明諸生,國朝康熙己未舉鴻博,以年老不赴。

孫枝蔚　字豹人,三原人。康熙己未舉鴻博,以老病不赴。

王餘祐　字申之,直隸新城人。前明諸生,避亂易州五公山,因自號五公山人。

申涵光　字孚孟,永年貢生。

梁春暉　字時皇,長樂人。

顧夢游　字與治,江寧人,前明諸生。

吳懋謙　字六益,松江人。

李煥章　字象先,樂安人,前明諸生。

費密　字此度,成都人,明亡爲道士,流寓江寧。

劉命清　字穆叔,臨川人。

徐振芳　樂安人。

彭師度　字古晉,華亭人。

韓純玉　字子蘧,歸安人。

張丹　字祖望,錢塘人。

范青　字篤堅,上海人。

諸匡鼎　字虎男,錢塘人。

安致遠　壽光貢生。

翟鳳翯　字象陸,聞喜人。順治丙戌進士,官福建布政使。

謝賓王　字起東,臨淄人。順治丙戌進士,官南康推官。

法若真　字漢儒,膠州人。順治乙酉以五經授中書舍人,丙戌進士,官江西布政使。

李霨　字坦園,高陽人。順治丙戌進士,官大學士,謚文勤。

魏象樞　字環極,蔚州人。順治丙戌進士,官兵部尚書,謚敏果。

楊思聖　字猶龍,鉅鹿人。順治丙戌進士,官四川布政使。

王天春　字魯源，濟寧人。順治丙戌進士，官兵部侍郎。

傅維橒　字培公，靈壽人。

竇遴奇　字松濤，大名人。順治丁亥進士，官僉都御史。

王熙　字子撰，宛平人。順治丁亥進士，官大學士，謚文靖。

馮溥　字易齋，益都人。順治丁亥進士，官大學士。

宋徵輿　字轅文，華亭人。順治丁亥進士，官左副都御史。

余一元　字占一，山海衛人。順治丁亥進士，官禮部郎中。

李敬　江寧人，順治丁亥進士，官監察御史。

杜恒燦　字杜若，三原副貢，授通判職。

劉子壯　字克猷，黃岡人。前明舉人，國朝順治己丑進士第一，授編修。

熊伯龍　字次侯，漢陽人。順治己丑進士，官侍讀學士。

唐夢賚　字濟武，淄川人。順治己丑進士，官檢討。

沈珩　字昭子，海寧人。康熙甲辰進士，己未博學鴻詞，授編修。

顏光敏　字遜甫，曲阜人。康熙丁未進士，官吏部郎中。

朱廷燝　字輝山，①富平人。順治己丑進士，官河南布政司參政。

周茂源　字宿來，華亭人。順治己丑進士，官處州知府。

周燦　字星公，臨潼人。順治己亥進士，官南康知府。

周禮　字情耕，宜黃人。

孫爽　字子度，錢塘人。

許虬　字竹隱，長洲舉人，官思南知府。

楊兆魯　字青巖，武進人。順治壬辰進士，官福建按察司副使。

張晉　狄道人，順治壬辰進士，官丹徒知縣。

顧大申　字震雉，華亭人。順治壬辰進士，官工部郎中。

郭棻　字快圃，清苑人。順治壬辰進士，官侍讀學士。

李來泰　字仲章，臨川人。順治壬辰進士，康熙己未博學鴻詞，授侍講。

---

　　①　“輝山”《總目》，作“山輝”。

梅清　字潤公,宣城舉人。

姚夔　字胄師,山陰舉人,官安化知縣。

林堯光　字覲伯,莆田拔貢,官行人司行人。

林堯華　字開伯,堯光弟,官楡次知縣。

黎士弘　字愧曾,長汀舉人,官陝西布政司參議。

沈峻曾　字竅菴,仁和副貢生。

蔣中和　字本達,靖江人。順治乙未進士,官滄州州判。

陸求可　字咸一,淮安人。順治乙未進士,官刑部郎中。

王澤宏　字涓來,黃岡人。順治乙未進士,官禮部尚書。

王命岳　字伯咨,晉江人。順治乙未進士,官刑科都給事中。

孫光祀　字怍庭,歷城人。順治乙未進士,官兵部侍郎。

洪若皋　字虞鄰,臨海人。順治乙未進士,官福建按察司僉事。

王士禧　字禮吉,士禛兄,歲貢。

董含　字榕菴,華亭人。

李蕃　字錫徵。通江舉人,官黃縣知縣。

吳兆騫　字漢槎,吳江舉人。

計東　字甫草,吳江舉人。

王曰高　字北山,茌平人。順治戊子進士,官給事中。

鄭重　字山公,建安人。順治戊戌進士,官刑部左侍郎。

徐喈鳳　字竹逸,宜興人。順治戊戌進士,官永昌推官。

鄭日奎　字次公,貴谿人。順治己亥進士,官禮部主事。

李如涝　字仲淵,高陽人,順治己亥進士,官鄞都知縣。

吳琠　字銅川,沁州人。順治己亥進士,官大學士,諡文端。

彭鵬　字奮斯,莆田舉人,官廣東巡撫。

葉映榴　字炳霞,上海人。順治辛丑進士,官湖廣布政司參議,死於兵。贈工部右侍
郎,諡忠節。

李念慈　字屺瞻,涇陽人。順治戊戌進士,官天門知縣。康熙己未舉鴻博,不入格。

周斯盛 字屺公,鄞縣人。順治辛丑進士,官即墨知縣。

黎耿然 字介菴,晉江人。

邱志廣 字粟海,諸城人,官長清訓導。

陳箋 字于寶,龍溪人,官連城教諭。

宋振麟 字子禎,淳化拔貢。

劉逢源 字津逮,廣平人。

陳祚明 字允倩,錢塘人。

吳嘉紀 字野人,泰州人。

陶孚尹 字誕仙,江陰人,官桐城訓導。

沙張白 字定峯,江陰人。

周鎬 字若柯,南和諸生。

王戩 字孟毅,漢陽人。

吳坰 宣城人。

謝重輝 字千仞,德州人,官刑部郎中。

張實居 字賓公,鄒平人。

李嶟瑞 字蒼存,盱眙人。

李懋緒 字汝時,江陵人。

胡夏客 字宣子,海鹽諸生。

丁耀亢 字西生,諸城人,官惠安知縣。

章靜宜 字湘御,吳縣諸生。

章金牧 字雲李,歸安人,官柏鄉知縣。

李鄴嗣 鄞縣諸生。

孔尚典 字汶林,新城貢生。

梁份 字質人,南豐人。

彭任 字遜仕,寧都人。

孔毓瓊 新城人。

孔毓功 毓瓊弟。

冷士嵋　字又湄，丹徒人。

馮如京　安紫乙，代州人，官廣東布政使。

湯之錡　字世調，宜興人。

方士穎　字伯陽，淳安諸生。

申頲　字敬立，廣平副貢生。

余光耿　字介遵，婺源諸生。

陳炳　字虎文，長洲人。

吳之振　字孟舉，石門人，官中書科中書。

沈受宏　字台臣，太倉人。

萬樹　字紅友，宜興人。

高之騊　字仲治，淄川人。

宗元鼎　字定九，江都人。

趙善慶　字怡齋，德州人，官金華知府。

張競光　字覺菴，杭州人。

丁嗣徵　字集虛，嘉善人。

石龐　太湖人。

董聞京　字丹鳴，烏程人，官吉安知府。

安世鼎　字鑄九，鑲紅旗漢軍，官江西巡撫。

嚴我斯　字存菴，歸安人。康熙甲辰進士第一，官禮部左侍郎。

趙士麟　雲南河陽人，康熙甲辰進士，官吏部侍郎。

曹貞吉　字升六，安邱人。康熙甲辰進士，官禮部員外郎。

方殿元　字蒙章，番禺人。康熙甲辰進士，官江寧知縣。

邵遠平　字戒三，仁和人。康熙甲辰進士，己未博學鴻詞，官少詹事。

梁珪　字至鉉，長樂人。

汪懋麟　字季角，①江都人。康熙丁未進士，官刑部主事。

陳玉璂　字賡明，武進人。康熙丁未進士，官中書舍人。

---

① "角"，《清史列傳》同，《總目》及《清史稿》作"甪"。

魏麐徵 字蒼石,溧陽人。康熙丁未進士,官邵武知府。

廖騰煃 字古五,①將樂舉人,官户部侍郎。

石璜 字夏宗,如皋人。

李振裕 字維饒,吉水人。康熙庚戌進士,官兵部尚書。

趙申喬 字松伍,武進人。康熙庚戌進士,官户部尚書,諡恭毅。

林麐焻 字石來,莆田人。康熙庚戌進士,官貴州提學僉事。

稽宗孟 字淑子,山陽人,官杭州知府。

王士祜 字叔子,士禎弟,康熙庚戌進士。

韓菼 字元少,長洲人。康熙癸丑進士第一,官禮部尚書,追諡文懿。

徐倬 字方虎,德清人。康熙癸丑進士,官侍讀,晉禮部侍郎。

徐元正 字子貞,倬之子。康熙乙丑進士,官工部尚書。

彭開祐 字孝緒,婁縣人。康熙丙辰進士,官武岡知州。

王奐曾 字元亮,太平人。康熙丙辰進士,官湖廣道監察御史。

馮雲驦 字懿生,代州人。康熙丙辰進士,官編修。

陳錫嘏 字介眉,鄞縣人。康熙丙辰進士,官編修。

胡會恩 字孟綸,德清人。康熙丙辰進士,官刑部尚書。

黄鐘 字宏音,如皋諸生。

劉然 字簡齋,江寧人。

邵長蘅 字子湘,武進人。

李因篤 字天生,富平人。康熙己未博學鴻詞,授檢討。

王頊齡 字瑁湖,華亭人。康熙丙辰進士,己未博學鴻詞,官大學士,諡文恭。

潘鍾麟 字層峯,華亭人。

徐嘉炎 字華隱,秀水人。康熙己未博學鴻詞,官内閣學士兼禮部侍郎。

龐塏 字霽公,任邱人。康熙己未博學鴻詞,授檢討,終建寧知府。

李良年 字武曾,秀水人。康熙己未舉鴻博之虞兆潢,即良年所冒姓名也。

---

① "古",《總目》作"占"。

劉爾懌　字敬又，宜君人。康熙己未嘗舉鴻博。

邵廷采　字念魯，餘姚諸生。

張遠　字超然，侯官舉人。官禄豐知縣，與蕭山張遠同姓名。

孫琮　字執升，嘉善人。

李符　字分虎，嘉善人。

陳維岳　字緯雲，宜興人，維崧之弟。

趙執端　字綏菴，益都人。

馮協一　字躬暨，益都人，官臺灣知府。

李孚青　字丹壑，合肥人。康熙己未進士，官編修。

任觀瀛　字子登，蕭縣人。康熙己未進士，官潼商道。

王晉徵　字涵齋，休寧人。康熙己未進士，官户部侍郎。

沈不負　字集九，平湖人。

馮廷櫆　字大木，德州人。康熙壬戌進士，官中書舍人。

金德嘉　字會公，廣濟人。康熙壬戌進士，官檢討。

王九齡　字子武，華亭人。康熙壬戌進士，官監察御史。

許汝霖　字時菴，海寧人。康熙壬戌進士，官禮部尚書。

周金然　上海人，康熙壬戌進士，官洗馬。

許嗣隆　字山濤，如皋人。康熙壬戌進士，官編修。

茅兆儒　字鴻雪，①錢塘人。

孫勷　字子未，德州人。康熙乙未進士，官通政司參議。

汪灝　字文漪，臨清人。康熙乙丑進士，官貴州巡撫。

金張　字介山，錢塘人。

田霡　字子益，德州拔貢，授堂邑邑教諭。

王沛恂　字書巖，諸城人，官兵部主事。

安箕　字青士，壽光人。

---

①　"鴻雪"，《總目》作"雪鴻"。

汪筥　字禹吹,吳江諸生。

沈季友　字客子,平湖副貢生。

勞嶇　字貞著,陽信人。

梁佩蘭　番禺人,康熙戊辰進士,改庶吉士。

陳阿平　字獻吉,東莞諸生。

趙俞　字蒙泉,嘉定人。康熙戊辰進士,官定陶知縣。

孫致彌　字愷似,嘉定人。康熙戊辰進士,官侍讀學士。

謝乃實　字華函,福山人。康熙戊辰進士,官興寧知縣。

史申義　字叔時,江都人。康熙戊辰進士,官給事中。

鄭梁　字禹梅,慈谿人。康熙戊辰進士,官高州知府。

范光陽　字國雯,鄞縣人。康熙戊辰進士,官延平知府。

劉以貴　字滄嵐,濰縣人,康熙戊辰進士。

田從典　字克正,陽城人。康熙戊辰進士,官大學士,諡文端。

潘宗洛　字書原,宜興人。康熙戊辰進士,官湖南巡撫。

陸繁弨　字拒石,錢塘人。

吳自高　字若山,桐城人,官待詔。

高岑　字峴亭,商邱人,官豐城知縣。

孫元衡　桐城人,官東昌知府。

范纘　字武公,婁縣人。

許尚質　字又文,山陰人。

尤世求　字念修,長州人,官南充知縣。

陶澂　字季深,寶應人。

朱徑　字恭亭,寶應人。

楊兆嶦　字又平,瑞金人。

張吳曼　字也倩,上海人。

徐志莘　字任可,德清人,官順天通判。

朱樟　字鹿田,錢塘人,官澤州知府。

陶爾綵　字穎儒,華亭人。

陳鵬年　字北溟,湘潭人。康熙辛未進士,官河道總督,諡恪勤。

高孝本　字大立,嘉興人。康熙辛未進士,官績溪知縣。

查旭　海寧副貢生。

懷應聘　字莘皐,秀水人。

陳璸　字文煥,海康人。康熙甲戌進士,官福建巡撫,諡清端。

呂履恒　字元素,新安人。康熙甲戌進士,官户部侍郎。

李鍾璧　字鹿嵐,通江舉人,官平南知縣。

雷鐸　字伯覺,蒲城舉人。

張棠　字吟樵,華亭舉人,官桂林知府。

周士彬　字介文,婁縣副貢生。

陳至言　字山堂,蕭山人。康熙丁丑進士,官編修。

周彝　字策銘,婁縣人。康熙丁丑進士,官編修。

吳祖修　字慎思,吳江人。

張廷玉　字衡臣,桐城人。康熙庚辰進士,官大學士,諡文和。

黃任　字莘田,永福舉人,官四會知縣。

張琳　字佩嘉,錢塘人。

沈岸登　字覃九,平湖人。

王式丹　字方若,寶應人。康熙癸未進士第一,官修撰。

吳廷楨　字山掄,長洲人。康熙癸未進士,官左諭德。

宋至　字山言,犖之子。康熙癸未進士,官編修。

沈翼機　字西園,海寧人。康熙丙戌進士,官侍讀學士。

沈廷薦　字澄懷,翼機子,雍正壬子舉人。

張謙宜　字稚松,膠州人,康熙丙戌進士。

王苹　字秋史,歷城人。康熙丙戌進士。

李鍾峩　字芝麓,通江人。康熙丙戌進士,官檢討。

王晦　字韞輝,孟縣人。康熙丙戌進士,官檢討。

徐基　字宗頊，華亭貢生，官訓導。

沈虹　字渭梁，長洲人。

顧圖河　字書宣，江都人。康熙己丑進士，官編修。

蔣錫震　字豈潛，宜興人，康熙己丑進士。

黄越　字際飛，上元人。康熙己丑進士，改庶吉士。

徐用錫　字畫堂，①宿遷人，康熙己丑進士，官編修。

吕謙恒　字天益，新安人。康熙己丑進士，官光禄寺卿。

王時憲　字若干，太倉人。康熙己丑進士，改庶吉士。

唐紹祖　字次衣，江都人。康熙己丑進士，官刑部員外郎。

方覲　字近雯，江都人。康熙己丑進士，官陝西布政使。

徐文駒　字子文，鄞縣人，康熙己丑進士。

帥我　字備皆，奉新舉人。

杜詔　字紫綸，無錫人。康熙乙酉迎鑾獻詩，供職内廷。壬辰特賜進士，改庶吉士。

程夢星　字午橋，江都人。康熙壬辰進士，官編修。

李茹旻　字覆如，臨川人，②康熙癸巳進士。

鞏建豐③　字子文，伏羌人。康熙癸巳進士，官侍讀學士。以上二人印木殘缺，俟得
完本校補。

梁機　字仙來，泰和人。康熙癸巳進士，乾隆丙辰舉鴻博，不入格。

傅米石　字立元，鉅野舉人。

郭雍　字仲穆，福清舉人。

李宗渭　字秦川，嘉興舉人。

程庭　字且碩，歙縣人。

帥仍祖　字宗道，奉新人。

---

①　"畫"，《總目》作"書"。
②　"李茹旻，字覆如，臨川"八字，原缺，據《總目》及《存目叢書》補。
③　"鞏"字原缺，據《總目》及《存目叢書》補。

張榮　字景桓，華亭人。

王世睿　字道存，章邱人。康熙乙未進士，官上海知縣。

陳撰　字楞山，鄞縣人。

儲掌文　字日虞，宜興舉人，官納溪知縣。

陳萬策　字對初，安溪人。康熙戊戌進士，官侍讀學士。

胡浚　字希張，會稽舉人。

馬維翰　海鹽人，康熙辛丑進士，官川東道。

魯曾煜　字啟人，會稽人。康熙辛丑進士，改庶吉士。

羅人琮　字紫蘿，桃源人。康熙辛丑進士，官監察御史。

查祥　字星南，海寧人。康熙辛丑進士，官編修。

謝道承　字又紹，閩縣人。康熙辛丑進士，官內閣學士兼禮部侍郎。

馮詠　字蘷颺，金谿人。康熙辛丑進士，官編修。

王汝驤　字雲衢，金壇人，官通江知縣。

佟世思　字儼若，正藍旗漢軍，官恩平知縣。

金敞　字廓明，武進人。

唐靖　字聞宣，武康諸生。

姚孔鈶　字梁貢，桐城諸生。

夏熙臣　字無易，孝感貢生。官安陸教授。

曹煜曾　字麓蒿，上海貢生。

曹焌曾　字祖望，煜曾弟，貢生。

曹炳曾　字爲章，煜曾從弟，諸生。

施琔　宣城人。

田肇麗　字念始，德州人，官戶部郎中。

王曾祥　字麐徵，仁和諸生。

顏肇維　字次雷，曲阜人，官臨海知縣。

顏懷禮　字約亭，曲阜人，襲五經博士。

張安絃　字琴父，烏程人。

梁文濂　字溪父，錢塘人。

朱紬　字子青，歷城人，候補主事。

朱綱　字子驄，紬之弟，官福建巡撫。

張錫爵　字擔伯，嘉定人，寄居吳江。

帥念祖　字宗德，奉新人。雍正癸卯進士，官陝西布政使。

游紹安　字心木①，福清人。雍正癸卯進士，官南安知府。

徐以升　字階五，福清人。雍正癸卯進士，官廣東按察使。

金志章　字繪卣，仁和舉人，官口北道。

曹庭樞　字六薌，嘉善副貢，乾隆丙辰嘗舉鴻博。

王峻　字次山，常熟人。雍正甲辰進士，官江西道監察御史。

嚴遂成　字海珊，烏程人。雍正甲辰進士，官雲南知府。

周長發　字蘭坡，山陰人。雍正甲辰進士。乾隆丙辰博學鴻詞，官侍講學士。

王時翔　字皋謨，鎮洋人，官成都知府。

徐璽　字雷谿，進賢拔貢。

曹一士　字諤庭，上海人。雍正庚戌進士，官兵科給事中。

劉元燮　字孟調，湘潭人。雍正庚戌進士，官山西道監察御史，緣事降廣西布政司經歷。

周宣猷　字辰遠，長沙人。雍正癸丑進士，官浙江鹽運通判。

張湄　字鷺洲，錢塘人。雍正癸丑進士，官給事中。

張映斗　字雪子，烏程人。雍正癸丑進士，官編修。

朱成點　字司衡，寧鄉人。

姚培謙　字平山，華亭人。

黃溶　字涪遠，鄆城貢生。

朱崇勳　字彝存，歷城人。

朱崇道　字帶存，崇勳弟。

---

① "木"，《總目》作"水"。

周京　字西穆,錢塘諸生。

張時泰　字平山,嘉興人,官桐城知縣。

湯斯祚　字衍之,南豐人,官新昌訓導。

王道　字直夫,漳浦人,官金山知縣。

劉青霞　字嘯林,襄城諸生。

姚世鈺　字玉裁,歸安人。

仲昰保　字羹梅,常熟人。

劉雲峯　字秋冶,南昌人。

李果　字碩夫,長洲人。

吳燇文　字璞存,山陰人。

沈心　字房仲,仁和諸生。

沈冰壺　字心玉,山陰人。

丁詠淇　字瞻武,錢塘人。

黃千人　字證孫,餘姚人,宗羲之孫,百家之子。

項大德　字立上,漢陽人。

朱緯　字義俶,歷城人,官邱縣訓導。

方觀承　字遐穀,桐城人。官直隸總督,諡恪敏。

藍千秋　字長青,宜黃人,官盛京戶部員外郎。

張元　字殿傳,淄川舉人,官魚臺教諭。

商盤　字蒼雨,會稽人。雍正庚戌進士,官元江知府。

席鏊　字景溪,常熟舉人,官內閣中書。

朱令昭　字次公,歷城人。

朱懷樸　字素存,歷城人。

蔣麟昌　字靜存,陽湖人。乾隆己未進士,官編修。

盧存心　字敬甫,錢塘貢生,乾隆丙辰嘗舉鴻博。

邊連寶　字趙珍,任邱拔貢。乾隆丙辰舉鴻博,辛未又舉經學。

潘安禮　字立夫,南城人。乾隆丙辰博學鴻詞,官編修。

黄永年　廣昌人,乾隆丙辰進士,官常州知府。

林其茂　字培根,侯官人。乾隆丙辰進士,官山陰知縣。

史調　字勾五,華陰人。乾隆丙辰進士,官仙游知縣。

郭趙璧　字名瑾,侯官舉人。

帥家相　字伯子,奉新人。乾隆丁巳進士,官潯州知府。

淩樹屏　字保釐,烏程人。乾隆己未進士,官嘉興教授。

莊綸渭　字對樵,武進人。乾隆壬戌進士,官定海知縣。

周宣武　字蠻軒,長沙人,乾隆壬戌進士。

邵齊燾　字荀慈,昭文人。乾隆壬戌進士,官編修。

張用天　字用六,婁縣人。

范泰恒　字無厓,河内人。乾隆乙丑進士,官崇義知縣。

趙秉忠　字景光,興化人。乾隆乙丑進士,改庶吉士。

陳道　字紹洙,江西新安人,乾隆戊辰進士。

萬光泰　字循初,秀水舉人。

鄭際熙　字大純,侯官舉人。

蔡以封　字桐川,嘉善人,官桐鄉訓導。

徐以泰　字陶尊,德清人,官陽曲知縣。

金農　字壽門,錢塘人。

汪舸　字可舟,婺源人。

陳景元　字石間,鑲紅旗漢軍。

高鳳翰　字西園,膠州人,官縣丞。

李遠　字君宏,益都人。

鄧汝功　字謙持,聊城人,乾隆乙未進士。

張侗　字同人,諸城人。

胡慶豫　字雜來,平湖貢生。

張文瑞　字雲表,蕭山人,官青州同知。

王令　字仲錫,渭南人,官廣東按察使。

石球　字鳴虞，嘉定人。

閔南仲　字湘人，湖州人。

許昌國　字子賡，①荊溪貢生。

許重炎　字少來，荊溪人。

郭振遐　字中洲，汾陽人。

王鳳九　仙游人。

吳盛藻　字觀壯，和州人，官廣東按察司副使。

林璐　字鹿菴，錢塘人。

唐之鳳　字武曾，烏程人。

戚珅　字後升，泗州人，官知縣。

林之蒨　字素園，山東人，寄居孝感。

朱孝存　蘇州人。

馮舒　字已蒼，常熟人。

陳焯　字默公，桐城人。順治壬辰進士，官兵部主事。

汪森　字晉賢，桐鄉人，官桂林通判。

史簡　字文令，鄱陽人。

沈嘉轍　字樂城，錢塘人。

吳焯　字尺鳧，錢塘人。

陳芝光　字蔚九，仁和人。

符曾　字幼魯，錢塘人，官户部郎中。

趙昱　字功千，仁和人。

趙信　字意林，仁和人。

吳湛　字伯其，睢陽人。

錢朝鼐　字次鼎，常熟人。

王俊臣　字子籲，常熟人。

---

①　"子"，《總目》作"仔"。

王清臣 字子清,常熟人。

陸貽典 字敕先,常熟人。

施念曾 閏章之孫。

蕭伯升 字孟昉,泰和人。

顧有孝 字茂倫,吳江人。

冒襄 字辟疆,如皋人。

蕭士琦 字季公,泰和人,前明貢生。

朱嘉徵 字岷左,海寧人。前明舉人,官本朝徽州推官。

高阜 字康生,祥符人。

陳增新 字子更,嘉善人。

田茂遇 字鬍淵,華亭人。順治戊子舉人。

董俞 字蒼水,華亭人。

胡亦堂 字二齋,慈谿舉人,官臨川知縣。

蔡士英 字伯彥,奉天人,官漕運總督。

朱霞 建德人,順治乙未進士。

周之鱗 字雪蒼,海寧人。

柴升 字錦川,仁和人。

楊長世 字延會,瑞金人,官興安訓導。

楊以叡 字維明,長世從子,邑諸生。

楊以儆 字維莊,長世從子,貢生。

楊兆鳳 字爾翔,長世從孫,官上饒訓導。

楊兆年 字爾逢,長世從孫,官宜黃訓導。

范良 字眉生,徽州人。

王輔銘 字翊思,嘉定人。

徐士俊 字野君,錢塘人。

徐增 字子能,長洲人。

魏憲 字惟度,福清人。

孫鋐　字思九，華亭人。

顧貞觀　字華封，無錫舉人，官國史院典籍。

陸葇　字義山，平湖人。康熙丁未進士，己未博學鴻詞，官編修。

王愈擴　字若先，泰和人，康熙庚戌進士。

王愈融　字侶新，愈擴弟，邑諸生。

鄧漢儀　字孝威，泰州人。康熙己未舉鴻博，以年老授中書舍人。

沈玉亮　字瑤岑，武康人。

廖元度　字大隱，長沙人。

王企靖　字苾遠，雄縣人。康熙乙丑進士，官江西巡撫。

王修玉　字倩修，錢塘人。

王原　字西亭，青浦人。康熙戊辰進士，官給事中。

姚宏緒　字聽巖，婁縣人。康熙辛未進士，官檢討。

鮑楹　字覺庭，餘杭舉人，官淳安知縣。

杜庭珠　秀水人。

王相　字晉升，臨川人。

楊繩武　字文叔，長洲人。康熙乙未進士，官編修。

朱絳　字子桓，緗之弟，官廣東布政使。

徐開錫　字定山，常山人，官彰德同知。

費錫璜　字滋衡，吳江人。

沈用濟　字方舟，錢塘人。

黃登　字俊升，番禺人。

鄭爾垣　字一樞，浦江人。

倪繼宗　字復野，餘姚人。

黃光岳　字碩廬，上高人。雍正甲辰進士，官金華知縣。

馬長淑　字漢荀，安邱人。雍正庚戌進士，官磁州知州。

吳定璋　字友篁，吳縣人。

鄭文炳　字慕斯，莆田人。

梁善長 字崇一,順德人,乾隆己未進士。

鄭王臣 字慎人,莆田拔貢,官蘭州知府。

宋弼 字仲良,德州人。乾隆乙丑進士,官甘肅按察使。

聶芳聲 字晦之,永豐人。

孫翔 字呂溪,南通州人。

王之玠 字楚白,如皋人。

查克宏 海寧人。

江八斗 字四達,貴溪人。

吳景旭 字旦生,歸安人。

宋長白 原名俊,以字行,山陰人。

勞孝輿 字巨峯,南海人,官鎮遠知縣。

王之績 字懋功,宣城人。

邵璸 字柯亭,大興舉人,官昌邑知縣。

查爲仁 字心毅,宛平舉人。

孫默 字無言,休寧人。

陳澍 字雨夏,嘉興貢生。

佟世南 字梅岑,遼陽人。

聶先 字晉人,廬陵人。

周銘 字勒山,松江人。

徐釚 字電發,吳江人。康熙己未博學鴻詞,授檢討。

沈雄 字偶僧,吳江人。

王又華 字靜齋,錢塘人。

賴以邠 字損菴,仁和人。

仲恒 字道久,錢塘人。

查繼超 字隨菴,海寧人。

薛所蘊 字子展,前明進士,官本朝禮部侍郎。

白乃貞 字廉叔,順治壬辰進士,官檢討。

江蘩　官太常寺丞。

袁定遠　官吏部文選司郎中。

汪漢謀　自署雲門。

王元復　字能愚。

楊擁　字蔚芝。

徐慶　字賓溪。

淩去盈　了旭齋。

虞楷　字孝思。

劉之份　字平勝。

潘咸　**姚炳**　**張宣猷**　**莊履豐**　**莊鼎鉉**　**杜名齊**　**朱濂**　**李標**　**陳璿**　**許獻**　**王鋑**　**程湛**　**陳祖銘**　**張世賢**　**秦文淵**　**王表正**　**蔣維鈞**　**毛羽宸**　**譚文光**　**林仲懿**　**盧元昌**　**賀貽孫**　**謝文洊**　**徐宇昭**　**蔡蓁春**　**吳季長**　**陳光裕**　以上三十八人里貫未詳。

徐昭華　駱加采之妻。

華浣芳　蘇州人，華亭張榮之妾。

曹錫淑　字采荇，兵科給事中一士之女，適同里舉人陸正笏。

陳佩　字懷玉，天長人，江昱之妻。

季嫻　字靜姎，興化人，適同邑李氏。○以上閨秀五人。

元賢　福州鼓山僧。

性制　昌化龍唐山僧。

德基　句容寶華山僧。

定嵩　廬山僧。

實行　字奕菴，山陰林氏子。

大然　吉安青原僧。

智藏　字竺堂，江西安福僧。

元奇　字嘉江心寺僧。

同揆 字輪菴,大理府文殊寺僧。

大汕 廣東長壽寺僧。

本果 字曠闢,潮州靈山寺僧。

自融 寺貫未詳。

性磊 自融門人。

戒顯 字悔堂,靈隱寺僧。

本晝 字天岳,紹興平陽寺僧。

元璟 字借山,浙江天童寺僧。

通復 字文可,嘉興僧。

通門 字牧雲,姓張氏,常熟僧。

湛性 字葯菴,丹徒徐氏子,楊州祇園菴僧。

敏膺 蘇州花山翠巖寺僧。

如乾 字憨休,四川人,陝西興善寺僧。

山止 錢塘僧。

浄溥 嘉興興善寺僧。○以上釋子二十三人。

山井鼎 日本國人,自署西條掌書記。

物觀 日本國人,自署東都講官。

南懷仁 西洋人,官欽天監監正。

利類思 西洋人。

安文思 西洋人。○以上外國五人。

皇朝藝文志

［清］譚宗浚　撰

張祖偉　整理

修輯凡例

一、藝文志舊五卷，今續輯爲十八卷。首二卷恭載聖製，以聖訓及御製詩文集恭列於前，以御纂欽定諸書恭列於後。次十六卷則專載臣工著述，悉依舊例，以經史子集爲次。

一、舊志首卷恭載御製，次以御纂欽定諸書，其中排列次序、分類未明。今仍冠以聖訓及御製詩文集，其御纂欽定各書略依經史子集爲類。

一、欽定書凡奉勅編纂進呈御覽者，率皆恭禀聖裁，自應同弁卷首。其臣工自行衰輯蒙賜序文者，概不附入。至各衙門例書，如六部則例臺規之類，雖上有欽定名目，係皆常例續修之書，亦不登載，以昭區別。

一、舊志所載臣下著述，皆就見聞所及，灼然有据者，列之於篇。自《欽定四庫全書》告成，炳炳麟麟，輝映冊府。今將書目內已入文淵閣著録者，悉皆登載。其見於存目者，亦均酌採增入。

一、舊志不載本紀，則史館所纂臣工各傳概不得入，故《宗室王公表傳》、《蒙古王公表傳》等書，雖列於《四庫全書總目》而兹志不載，從史例也。

一、《四庫全書總目》於列聖重修增訂諸書，秖載其後成者。前志將前後各書一體恭載。如《大清會典》、《清文鑑》等書，俱經歷朝欽定，今並載以昭作述之隆。

一、《四庫全書總目》所載國朝人著撰之書，間有已入《明史·藝文志》者，今不復載，以免歧出。

一、舊志四部所分門目，繁簡不齊，其中編次亦多參錯。今悉依《四庫全書》體例排次，應分應併，以類相從，其前後叢雜之處均改，令各循其序。至誤歸門目者，亦俱逐一更正。

序

　　古之柱下史專掌藏書，故石渠、金匱富於名山，使海內承學之士讀書東觀，於以洽聞殫見，信今傳後，粲如也。自班志藝文，本劉歆《七略》之舊，六經、諸子暨夫術數、方技，靡不悉載，歷代撰次，實維權輿。然皆旁搜往籍，卷帙徒盈，非所以彰一代著述。我朝纂修《明史‧藝文志》，惟載明人所作，而前史著錄者不與焉，揆諸史法，最稱嚴整。洪惟我國家文治之盛，超越往古。列聖懋典，上接薪傳，抉奧探微，縹緗富有，前志詳之矣。高宗純皇帝道集大成，建君師之極，堯章巍煥，經緯天地，而勑幾懋學，凡諸羣籍莫不考異參同，折衷至當。御極之初，即令儒臣校勘經史，嘉惠黌宮。復詔開四庫館，訪求天下遺書，進呈乙覽。諸所排比，胥稟聖裁，并擇其尤雅者，製詩親題卷端，俾其子孫世守，以爲好古者勸。全書告成，分庋諸閣，命江浙多士願讀中祕書者，許懷鉛握槧，就近傳鈔。自此薄海內外，皆以爭先得睹爲快，非常之遇，千載一時。懿休乎！自有書契以來，未之有也。夫謁者旁求，陳農奉使，蝌文以後，篇目多矣。然棗板槧傳，金根易誤，別風淮雨，往往有之。若乃綱羅散佚，匯千古之大觀，而宸衷獨斷，於權衡筆削間，不遺一字，俾元元本本，盡成完書，則惟我朝爲極盛焉。又況聖聖相承，先後同揆，敷言立極，垂法萬世。伏讀御纂、欽定諸書，廣大精微，直軼乎唐虞三代而上，蓋本聖人之心法、治法，發爲文章。夫是以敎澤涵濡，人文蔚起，藝林著作，遠邁前朝也。爰稽祕籍，續增前志，間有異同，別見凡例，以此宣垂冊府，軌範來茲，固非苟勖《中經》、崇文編目諸編，所能跂及於萬一也。作《藝文志》。

卷一

聖　製

太祖高皇帝聖訓四卷

太宗文皇帝聖訓六卷

世祖章皇帝聖訓六卷

御製資政要覽三卷　後序一卷

御製人臣儆心錄一卷

御製勸善要言一冊

御製牛戒彙鈔

御定易經通注九卷

御注孝經一卷

御定內則衍義十六卷

欽定大清律三十卷

御注道德經三卷

聖祖仁皇帝聖訓六十卷

庭訓格言一卷

聖諭十六條

御製文初集四十卷

御製文二集五十卷

御製文三集五十卷

御製文四集三十六卷

御製避暑山莊詩一卷

欽定經筵講章

御纂周易折中二十二卷

欽定日講易經解義十八卷

欽定書經傳説彙纂二十四卷

欽定日講書經解義十三卷

欽定詩經傳説彙纂二十卷　序二卷

欽定日講詩經解義

御製清字詩經二十卷

欽定春秋傳説彙纂三十八卷

欽定日講春秋解義六十四卷

欽定日講禮記解義六十四卷

欽定日講四書解義二十六卷

御定孝經衍義一百卷

欽定小學孝經六卷

欽定篆文六經四書十四册

欽定康熙字典四十二卷

御製清文鑑二十一卷

御定佩文齊詩韻五卷

御定諸史提要

御批資治通鑑綱目五十九卷　通鑑綱目前編一卷　外紀一卷
　　舉要三卷　通鑑綱目續編二十七卷

欽定日講通鑑解義

欽定歷代紀事年表一百卷

平定三逆方略六十卷

親征朔漠方略四十八卷

欽定月令輯要二十四卷　圖説一卷

御製皇輿表十六卷

御製清涼山新志十卷

欽定治河方略十二卷　附録一卷

欽定大清會典一百六十卷

萬壽盛典一百二十卷

欽定幸魯盛典四十卷

御纂性理精義十二卷

御纂朱子全書六十六卷

御製律曆淵源一百卷　《曆象考成》四十二卷,《律吕正義》五卷,《數理精蘊》五十三卷。

御定星曆考原六卷

御定佩文齋書畫譜一百卷

御定廣羣芳谱一百卷

欽定淵鑑類函四百五十卷

御定佩文韻府四百四十四卷

御定韻府拾遺一百十二卷

御定分類字錦六十四卷

御選古文淵鑒六十四卷

御定歷代賦彙一百八十四卷　正集一百四十卷,《外集》二十卷,《逸句》二卷,《補遺》二十二卷。

御定全唐詩九百卷

御選唐詩三十二卷　附録三卷

御選四朝詩三百十二卷　宋詩七十八卷,金詩二十五卷,元詩八十一卷,明詩一百二十八卷。

御定全金詩七十四卷

御定佩文齋詠物詩選四百八十六卷

御定題畫詩一百二十卷

御定千叟宴詩四卷

御定歷代詩餘一百二十卷

欽定詞譜四十卷

欽定曲譜十四卷

世宗憲皇帝聖訓三十六卷^①

聖諭廣訓一卷

上諭八旗十三卷

上諭旗務議覆十二卷

諭行旗務奏議十三卷

上諭內閣一百五十九卷

硃批諭旨三百六十卷

御製文集三十卷

御製悅心集四卷

御纂孝經集注一卷

欽定音韻闡微十八卷

钦定訓飭州縣規條

欽定大清會典二百五十卷　　康熙二十六年至雍正五年。^②

欽定大清律集解

欽定執中成憲八卷

御定駢字類編二百四十卷

御定子史精華一百六十卷

欽定古今圖書集成一萬四十卷^③

---

① “憲”,原作“顯”,據繆荃孫批校改。按本書中批校條目甚多,揆其字迹,當出自繆荃孫之手,以下簡稱繆氏批校。

② 以上十一小字,係繆氏批補,茲保留。

③ “四十”,原缺,據繆氏批注補。

卷二

聖　製

高宗純皇帝聖訓三百卷

御製樂善堂全集定本三十卷

御製文初集三十卷

御製文二集四十四卷

御製文三集十六卷

御製詩初集四十四卷

御製詩二集九十卷

御製詩三集一百卷

御製詩四集一百卷

御製詩五集一百卷

御製詩文餘集二十二卷

御纂周易述義十卷

欽定詩義折中二十卷

御纂春秋直解十五卷

欽定周官義疏四十八卷

欽定儀禮義疏四十八卷

欽定禮記義疏八十二卷

欽定繙譯五經五十八卷

欽定繙譯四書二十九卷

欽定詩經樂譜三十卷

御製律吕正義後編一百二十卷

欽定增訂清文鑑四十六卷 正書三十二卷,《補編》四卷,《總綱》八卷,《補總綱》二卷。

欽定滿洲蒙古漢字三合切音清文鑑三十三卷

欽定西域同文志二十四卷

欽定同文韻統六卷

欽定叶韻彙輯五十八卷

欽定音韻述微一百六卷

欽定清漢對音字式一卷

欽定遼金元三史國語解四十六卷

欽定明史三百三十六卷

御批通鑑輯覽一百十六卷 附 明唐桂二王本末三卷

御定通鑑綱目三編四十卷

欽定訂正通鑑綱目續編二十七卷

御製評鑑闡要十二卷

欽定古今儲貳金鑑六卷

皇清開國方略三十二卷

欽定平定準噶爾方略一百七十二卷 《前編》五十四卷,《正編》八十五卷,《續編》三十三卷。

欽定平定金川方略三十八卷

欽定平定兩金川方略一百五十二卷

欽定臨清紀略十六卷

欽定蘭州紀略二十一卷

欽定石峯堡紀略二十卷

欽定臺灣紀略七十卷

欽定安南紀略三十二卷

欽定廓爾喀紀略五十四卷

欽定滿洲源流考二十卷

欽定契丹國志十七卷

欽定蒙古源流八卷

欽定明臣奏議四十卷

皇清奏議四十册　順治元年至乾隆九年。

欽定八旗滿洲氏族通譜八十卷

欽定勝朝殉節諸臣錄十二卷

欽定八旗通志三百五十四卷

欽定大清一統志四百二十四卷

欽定盛京通志一百三十卷

欽定熱河志一百二十卷

欽定日下舊聞考一百六十卷

欽定河源紀略三十六卷

欽定盤山志二十一卷

欽定清涼山志二十二卷

欽定皇輿西域圖志五十二卷

皇清職貢圖九卷

欽定歷代職官表七十二卷

欽定詞林典故八卷

欽定國子監志六十二卷

欽定續通典一百四十四卷

欽定皇朝通典一百卷

欽定續通志五百二十七卷

欽定皇朝通志一百二十六卷

欽定續文獻通考二百五十二卷

欽定皇朝文獻通考三百卷

欽定大清會典一百卷　雍正五年至乾隆二十九年。①

欽定大清會典則例一百八十卷

欽定大清通禮五十卷

欽定皇朝禮器圖式二十八卷

欽定國朝宮史三十六卷

欽定滿洲祭神祭天典禮六卷

欽定八旬萬壽盛典一百二十卷

欽定南巡盛典一百卷

欽定康濟錄六卷

欽定大清律例四十七卷

欽定四庫全書總目提要二百卷

欽定四庫全書薈要總目一函

欽定四庫全書考證一百卷

欽定天祿琳瑯書目十卷

欽定校正淳化閣帖釋文十卷

御製日知薈說四卷

御覽經史講義三十一卷

欽定孚惠全書六十四卷

欽定授時通考七十八卷

御定醫宗金鑑九十卷②

欽定天文正義八十卷

欽定武英殿聚珍版程式一卷③

欽定中樞政考一百六十八卷④　《綠營》七十六卷,《八旗》十六卷,《八旗則

---

① 以上十一小字係繆氏批補,兹保留。

② "宗",原作"定",據繆氏批校改。

③ 此條目係繆氏批補,兹保留。

④ 此條目連同小字皆係繆氏批補,兹保留。

例》三十二卷。

欽定樂律全書①

欽定琴譜②

御定曆象考成後編十卷

御定儀象考成三十二卷

欽定協紀辨方書三十六卷

欽定祕殿珠林二十四卷　續編八冊

欽定石渠寶笈四十四卷　續編八十八冊

欽定西清古鑑四十卷

欽定西清續鑑二十卷　附録一卷

欽定西清硯譜二十五卷

欽定錢録十六卷

欽定補繪離騷全圖二卷

御選唐宋文醇五十八卷

御選唐宋詩醇四十七卷

皇清文穎一百二十四卷

欽定四書文四十一卷

欽定千叟宴詩三十六卷

欽定重舉千叟宴詩三十六卷

欽定萬壽衢歌六卷

欽定十全集五十四卷

仁宗睿皇帝聖訓一百一十卷

御製味餘書室全集定本四十二卷

御製文初集十卷

---

① 此條目係繆氏批補，茲保留。

② 此條目係繆氏批補，茲保留。

御製文二集十四卷

御製文餘集二卷

御製詩初集四十八卷

御製詩二集六十四卷

御製詩三集六十四卷

御製詩餘集六卷

欽定授衣廣訓二卷

欽定明鑑二十四卷

欽定平苗紀略五十六卷

欽定勦平三省邪匪方略四百卷　正編三百五十二卷，附編十二卷，續編
　三十六卷。

欽定平定教匪紀略四十二卷

皇清奏議三十二冊　乾隆十年至嘉慶十年。

欽定續纂詞林典故六十四卷

欽定大清會典八十卷

欽定大清會典圖一百三十二卷

欽定大清會典事例九百二十卷

欽定國朝宮史續編一百卷

欽定西巡盛典二十四卷

御纂辛酉工賑紀事三十八卷

欽定祕殿珠林三編四冊

欽定石渠寶笈三編一百八冊

欽定全唐文一千卷

皇清文穎續編一百六十四卷

卷三

經　部

易　類

孫奇逢　讀易大旨五卷

刁包　易酌十四卷

王夫之　周易稗疏四卷　附　考異一卷

錢澄之　田間易學十二卷

汪延造　周易圖説一卷

胡世安　大易則通十五卷　閏一卷　易史八卷

趙世對　易學筮貞四卷

徐繼發　周易明善録二卷

紀克揚　麗奇軒易經講義

陸位時　羲畫憤參二十五卷

李開先　周易辨疑

蕭雲從　易存

黄宗羲　易學象數論六卷

黄宗炎　周易象辭二十一卷　附　尋門餘論二卷　圖書辨惑一卷①

---

①　“書”，1965年中華書局影印清浙江杭州刻《四庫全書總目》(以下簡稱《總目》)同，臺灣商務印書館影印文淵閣《四庫全書》(以下簡稱《四庫全書》)本書題名作“學”。

徐繼恩　逸亭易論一卷

董養性　周易訂疑十五卷

鄭庚唐　讀易蒐十二卷①

張爾岐　周易説略四卷

應撝謙　周易應氏集解十三卷

謝復莕　周易纂解正宗六卷

孫應龍　周易麈談十二卷

孫宗彝　易宗集注十二卷

朱奇穎　周易纂注

錢受祺　易義敷言十六卷

王仕雲　讀易隨筆四卷

葉矯然　易史參錄二卷

王芝藻　大易疏義五卷

張完臣　周易滴露集

張沐　周易疏略四卷

陳廷敬　尊聞堂易説七卷

黃與堅　易學闡十卷

周漁　加年堂講易十二卷②

湯秀琦　讀易近解二卷

郁文初　周易郁溪記十四卷③

王艮　易贅二卷

陳圖　周易起元十八卷④

吳舒鳧　易大象説錄二卷

---

① 此條目係繆氏批補,兹保留。

② 此條目係繆氏批補,兹保留。

③ 此條目係繆氏批補,兹保留。

④ 此條目係繆氏批補,兹保留。

徐世沐　周易惜陰録四十六卷　周易存義録十二卷^①

包儀　易原就正十二卷

胡渭　易圖明辨十卷

張英　易經參解六卷　易經衷論二卷

唐朝彝　易學説篇九種

喬萊　易俟十八卷

李光地　周易通論四卷　周易觀象十二卷

張烈　讀易日鈔六卷

邵嗣堯　易圖合説一卷　圖易定本一卷

陳夢雷　周易淺述八卷

張慶曾　周易觀玩録十五卷

陳諟　易經玩辭述三卷　易經述

潘元懋　周易廣義六卷

劉蔭樞　大易蓄疑七卷

納喇性德　合訂删補大易集義粹言八十卷

徐善　易論

王弘撰^②　周易圖説述四卷　周易筮述八卷

毛奇齡　仲氏易三十卷　易小帖五卷　推易始末四卷　易韵
　四卷^③　河圖洛書原舛編一卷　天極圖説遺議十卷^④　春秋
　占筮書三卷

魏荔彤　大易通解四卷

趙振芳　易原

---

①　“周易存義録十二卷”，此八字係繆氏批補，茲保留。

②　“弘”，原作“鈜”，繆氏改作“宏”，《總目》同，今據《四庫全書》本書題名改作
“弘”。“宏”係避乾隆諱，今回改，下同。

③　“易韵四卷”，此四字係繆氏批補，茲保留。

④　“太極圖説遺議一卷”，此八字係繆氏批補，茲保留。

徐在漢　易或十卷

張問達　易經辨疑七卷

浦龍淵　周易辨二十四卷　周易通

于琳　周易義參六卷①

沈廷勱　身易實義五卷。

王嗣槐　太極圖説論十二卷②

江見龍　周易清解

潘應標　問義周易經傳三卷

王原　西亭易學一册

姜兆錫　周易本義述蘊四卷　周易蘊義圖考二卷

李璵　周易傳注七卷　附　周易筮考一卷

楊名時　周易劄記二卷

黃叔琳　硯北易鈔十二卷

張步瀛　周易淺解四卷

冉覲祖　易經詳説

馮昌臨　易學參説二卷

王明弼　易象二卷③

朱軾　周易傳義合訂十二卷

吳隆元　易宮三十八卷　讀易管窺五卷

張德純　孔門易緒十六卷

朱襄　易韋二卷

戴虞皋　周易闡理四卷

方鯤　易盪二卷

查慎行　周易玩辭集解十卷

李寅　易説要旨二卷

---

①　此條目係繆氏批補,茲保留。
②　此條目係繆氏批補,茲保留。
③　此條目係繆氏批補,茲保留。

張文炳　易象數鈎深圖二卷

吳德信　周易象義合參十二卷

方葇如　周易通義十四卷①

惠士奇　易説六卷

胡良顯　周易本義晰

劉蔭樞　大易蓄疑②

胡煦　周易函書約存二十四卷　約注十八卷　別集八卷

田嘉穀　易説十卷

劉元龍　先天易貫五卷

葉均禧　易圖説五卷

鄧霱　周易會歸八卷

陸豐　易學筮原一卷

童鋐遠　周易管窺

陳法　易箋八卷

王士陵　易經纂言③

李文炤　周易本義拾遺六卷

沈昌基　易經釋義四卷④

戴天章　易鏡

戴天恩　心易十卷⑤

應麟　易經粹言三卷

楊陸榮　易互六卷

崔紀　成均課講周易

---

①　此條目係繆氏批補。"葇"，繆氏作"榘"，係混同"方葇如"、"方榘如"，據《總目》改。下同。

②　此條目係繆氏批補，茲保留。

③　此條目係繆氏批補，茲保留。

④　此條目係繆氏批補，茲保留。

⑤　此條目係繆氏批補，茲保留。

晏斯盛　楚蒙山房易經解十六卷

沈起元　周易孔義集説二十卷　字子太,江南太倉人。康熙六十年進士,官至光禄寺卿。①

吳啓昆　索易臆説二卷

陸奎勳　陸堂易學十卷

陳綽　周易録疑②

夏宗瀾　易義隨記八卷　易卦劄記四卷

羅登標　學易闡微四卷

汪璲　讀易質疑二十卷

吳映　周易會緝

劉珀　大易闡微録十二卷

郜煜　易經理解一卷

牛運震　空山易解四卷

惠棟　周易述二十三卷　易漢學八卷　易例二卷

童能靈　周易膡義二卷

楊方達　易學圖説會通八卷　易學圖説續聞一卷　周易輯説存正十二卷　附　易説通旨略一卷

倪濤　周易蛾術七十四卷

吳汝惺　易説一卷

王俶　易經一卷③

許體元　周易彙解衷翼十五卷

申爾宣　易象援古

朱用行　大易合參講義十卷

薛雪　周易粹義五卷

---

① 以上二十一小字係繆氏批補,兹保留。

② 此條目係繆氏批補,兹保留。

③ "卷",《總目》作"説"。

潘咸　易蓍圖説十卷①

金綖　讀易自識

凌去盈　易觀十二卷

虞楷　周易小疏十四卷

金誠　易經貫一二十二卷

王心敬　豐川易説十卷

胡淳　易觀四卷

吳鼐　易象約言

劉紹攽　周易詳説十九卷

王又樸　易翼述信十二卷　字介山，直隸天津人，雍正六年進士，陝西通判。②

范咸　周易原始六卷

潘思榘　周易淺釋四卷

劉斯組　周易撥易堂解二十卷

顧昺　周易摘鈔五卷

林贊龍　學易大象要參四卷

饒一辛　經義管見一卷

上官章　周易解翼十卷

魏樞東　易問八卷

張叙　易貫十四卷

錢偲　周易緯史③

任啓運　周易洗心九卷

徐鐸　易經提要録六卷

宋邦綏　易讀

---

① "蓍"，原作"著"，據繆氏批校改。

② 以上十八小字係繆氏批補，茲保留。

③ 此條目係繆氏增補。

朱如日　大易理數觀察二卷

張祖武　來易增刪八卷①

朱瓚　周易輯要五卷

任陳晉　易象大易存解一卷

程延祚　大易擇言三十六卷　程氏易通十四卷　易説辨正
四卷

連斗山　周易辨畫四十卷

趙繼序　周易圖書質疑二十四卷

邵晉之　大易近取録

孫夢逵　周易讀翼揆方十卷

許伯政　易深八卷

葰仕周　易經講義八卷

張蘭皐　周易析疑十五卷②

汪憲　易説存悔二卷

向德星　易義便覽三卷

張仁浹　周易集解增釋八十卷

唐一麟　周易曉義九卷

吳鼎　十家易象集説九十卷　易例舉要二卷

周大樞　周易井觀十二卷

喬大凱　周易觀瀾

朱宗洛　易經觀玩篇

周世金　易解拾遺七卷　附　周易句讀讀本二卷

翟均廉　周易章句證異十一卷

王琰③　周易集注十一卷　圖説一卷

曹延棟　易凖四卷

---

① 此條目係繆氏批補,兹保留。

② "疑",清乾隆九年梅花書屋刻本同,《總目》作"義"。

③ "琰",原作"炎",《總目》作"琬","琬"、"炎"皆係避嘉慶諱,今回改。

劉鳴珂　易圖疏義四卷

貢渭濱　易見九卷

吳脈嚠　易象圖說二卷

黎由高　周易後天歸圖四卷

王芝蘭　易經會意解

劉天真　河洛先天圖說二卷

姚球　周易象訓十二卷

鄭國器　易經辨疑四卷

趙世迥　易經告蒙四卷　圖注三卷

黃元御　周易懸象八卷

黃燦　周易賸義八卷[①]

卷四

經　部

書　類

孫奇逢　尚書近指六卷

孫承澤　尚書集解二十卷　九州山水考三卷

王夫之　書經稗疏四卷　尚書引義六卷

黃宗羲　書經筆授三卷

朱鶴齡　尚書埤傳十七卷　禹貢長箋十二卷

狄敬　尚書衍義六卷

張沐　書經疏略六卷

馬世俊　禹貢翼注一卷

徐世沐　尚書惜陰錄六卷

錢肅潤　尚書體要六卷

胡渭　禹貢錐指二十卷　圖一卷　洪範正論五卷

張英　書經衷論四卷

李光地　尚書解義一卷

陸隴其　古文尚書考一卷

曹爾成　禹貢正義三卷

周夢顏　禹貢精注一卷

閻若璩　古文尚書疏證八卷

毛奇齡　古文尚書冤詞八卷　尚書廣聽錄五卷　舜典補亡一
　卷　壁書辨疑六卷

蔣家駒　尚書義疏①

姜兆錫　書經參義六卷

冉覲祖　書經詳說

蔣延錫　尚書地理今釋一卷

方葇如　尚書通義十四卷②

王澍　禹貢譜二卷

楊陸榮　禹貢臆參

陸奎勳　今文尚書說三卷

劉懷志　尚書口義六卷③

晏斯盛　禹貢解八卷

徐志遴　尚書舉隅六卷④

顧棟高　尚書質疑二卷

徐文靖　禹貢會箋十二卷

顧昺　書經劄記

湯奕瑞　禹貢方域考一卷

楊方達　書經約旨六卷　尚書通典略二卷

華玉淳　禹貢約義

沈彤　尚書小疏一卷

王心敬　尚書質疑八卷

徐鐸　書經提要十卷

郭兆奎　心園書經知新八卷

閻循觀　尚書讀記一卷

江昱　尚書私學四卷

---

① 此條目係繆氏批補，茲保留。

② 此條目係繆氏批補，茲保留。

③ 此條目係繆氏批補。"懷"繆氏作"袌"據《總目》及 1997 年齊魯書社臺灣莊嚴文化事業有限公司出版《四庫全書存目叢書》(以下簡稱《存目叢書》)影印清乾隆八年大梁書院刻本本書題名改。

④ 此條目係繆氏批補，茲保留。

吳蓮　尚書注解纂要六卷
黃燦　尚書剩義四卷①

詩　類

提橋　詩說簡正録十卷
孫承澤　詩經朱傳翼三十卷
王夫之　詩經稗疏四卷
錢澄之　田間詩學十二卷
朱鶴齡　詩經通義十二卷
吳肅公　詩問一卷②
张能鳞　诗经傳说取裁十二卷
秦松齡　毛詩日箋六卷
张沐　诗经疏略八卷
徐世沐　詩經惜陰録二十卷
王鍾毅　詩經比興全義一卷③
狄樞南　毛詩箋四卷
李光地　詩所八卷
任大任　詩經解八卷
陳諟　詩經述四卷
宮夢仁　詩考翼朱疏一卷
閻若璩　毛朱詩說一卷
毛奇齡　國風省篇一卷　毛詩寫官記四卷　詩札二卷　詩傳
　　詩說駁義五卷　白鷺洲主客説詩一卷　續詩傳鳥名三卷
陳遷鶴　讀詩隨記一卷　毛詩國風繹一卷
陳啓源　毛詩稽古編三十卷

陳大章　詩傳名物輯覽十二卷

姚炳　詩識名解十五卷

趙燦英　詩經集成三十卷①

姜兆錫　詩蘊四卷

惠周惕　詩説三卷

楊名時　詩經劄記一卷

黃叔琳　詩統説三十二卷

冉覲祖　詩經詳説②

嚴虞惇　讀詩質疑三十一卷　附録十五卷

黃夢白③　陳曾④　詩經廣大全二十卷

王承烈　復菴詩説六卷

李鍾僑　詩經測義四卷

應麟　詩經旁參二卷

陸奎勳　陸堂詩學十二卷

顧棟高　毛詩類釋二十一卷　續編三卷

黃中松　詩疑辨證六卷

方葇如　毛詩通義十四卷⑤

夏宗瀾　詩義記講四卷

諸錦　毛詩説二卷

顧昺　詩經序傳合參

劉青芝　學詩闕疑二卷

張敘　詩貫十八卷

謝起龍　毛詩訂韻五卷

---

① 　此條目係繆氏批補，兹保留。

② 　"詳"，原作"詩"，據繆氏批校改。

③ 　"黃"，原作"王"，據《總目》及《存目叢書》清康熙二十一年刻本本書題名改。

④ 　"曾"下原衍"同"據《總目》及《存目叢書》清康熙二十一年刻本本書題名删。

⑤ 　此條目係繆氏批补，兹保留。

王心敬　豐川詩説二十卷

徐鐸　詩經提要録三十一卷

葉酉　詩經拾遺十三卷

史榮　風雅遺音四卷

許伯政　詩深二十六卷

范家相　詩瀋二十卷　三家詩拾遺十卷

姜炳璋　詩序補義二十四卷

顧鎮　虞東學詩十二卷　字備九,江南昭文人。乾隆甲戌進士,宗人府主事。①

紀昭　毛詩廣義

范芳　詩經彙詁二十四卷

姜文燦　詩經正解三十卷

春秋類

孫承澤　春秋程傳補二十卷

姜希轍　左傳統箋三十五卷

王夫之　春秋稗疏二卷　春秋家説三卷

俞汝言　春秋四傳糾正一卷　春秋平義十二卷

朱鶴齡　讀左日鈔十二卷　補二卷

嚴毅　春秋論二卷②

嚴啓隆　春秋傳注三十六卷

張爾岐　春秋傳議四卷

顧炎武　左傳杜解補正三卷

萬斯大　學春秋隨筆十卷

魏禧　左傳經世③

應撝謙　春秋集解十二卷　附　校補春秋集解緒餘一卷　春

---

①　以上十九小字係繆氏批校,兹保留。

②　此條目係繆氏批補,兹保留。

③　此條目係繆氏批補,兹保留。

秋提要補遺一卷

王芝藻　春秋類義折衷十六卷

張沐　春秋疏略五十卷

馬驌　左傳事緯十二卷　附錄八卷

湯秀琦　春秋志十五卷

翁漢麐　春秋備要三十卷

華學泉　春秋類考十二卷　春秋疑義一卷

李集鳳　春秋輯傳辨疑

徐世沐　春秋惜陰錄八卷

劉蔭樞　春秋蓄疑十一卷

邱鍾仁　春秋遵經集說二十六卷

毛奇齡　春秋毛氏傳三十六卷　春秋簡書刊誤二卷　春秋屬
　辭比事記四卷　春秋條貫篇十一卷

馬教思　左傳紀事本末

張希良　春秋大義

陳遷鶴　春秋紀疑三卷

高士奇　春秋地名考略十四卷　左傳姓名考四卷　左傳紀事
　本末五十四卷

徐庭垣　春秋管窺十二卷

王原　春秋咫聞十二卷

張尚瑗　三傳折諸四十四卷

姜兆錫　春秋參義十二卷　春秋事義慎考十四卷　公穀彙義十二卷

蔣家駒　春秋義疏

儲欣　蔣景祁　春秋指掌三十卷　前事一卷　後事一卷

黃叔琳　宋元春秋解提要①

冉覲祖　春秋詳說

---

① 　此條目係繆氏批補，茲保留。

朱軾　春秋鈔十卷

焦袁熹　春秋闕如編八卷

張自超　春秋宗朱辨義十二卷　字彝歎，江蘇高淳人，康熙癸未進士。①

方苞　春秋通論四卷　春秋比事目録四卷

陳厚耀　春秋世族譜一卷　春秋長曆十卷

朱元英　左傳拾遺二卷

惠士奇　半農春秋説十五卷

盧軒　春秋三傳纂凡表四卷

田嘉穀　春秋説十二卷②

孫嘉淦　春秋義十五卷

李文炤　春秋集傳十卷

李鳳雛　春秋紀傳五十一卷

蘇本潔　左傳杜注補義一卷

朱奇齡　春秋測微十三卷

吳陳琰③　春秋三傳同異考一卷

顧宗瑋　春秋左傳事類年表一卷

羅琮　春秋本義一卷

應麟　春秋剩義二卷④

陸奎勳　春秋義存録十二卷

顧棟高　春秋大事表五十卷　輿圖一卷　附録一卷

劉紹攽　春秋筆削微旨二十六卷　春秋通論五卷

魏樞　春秋管見

牛運震　空山堂春秋傳十二卷

---

①　此條小字係繆氏批補，兹保留。

②　此條目係繆氏批補，兹保留。

③　“琰”，原作“炎”，《總目》作“琬”，據《存目叢書》影印清康熙刻《昭代叢書》本本書題名改。按，“琬”、“炎”皆避嘉慶諱，今回改，下同。

④　此條目係繆氏批補，兹保留。

惠棟　左傳補注六卷

江永　春秋地理考實四卷

楊方達　春秋義補注十二卷

沈彤　春秋左氏傳小疏一卷

王心敬　春秋原經四卷

吳鼐　三正考二卷

葉酉　春秋究遺十六卷

程延祚　春秋識小録九卷

許伯政　春秋深十九卷

顧奎光　春秋隨筆二卷

郜坦　春秋集古傳注二十六卷　或問六卷

劉夢鵬　春秋義解十二卷

姜炳璋　讀左補義五十卷

孫從添　過臨汾　春秋經傳類求十二卷

閻循觀　春秋一得一卷

吳守一　春秋日食質疑一卷

湯啓祚　春秋不傳十二卷

卷五

經　部

禮　類

萬斯大　周官辨非一卷

王芝藻　周禮訂釋古本

高愈　高注周禮二十二卷

徐世沐　周禮惜陰録六卷

李光坡　周禮述注二十四卷

毛奇齡　周禮問二卷

姜兆錫　周禮輯義十二卷

李鍾倫　周禮訓纂二十一卷

方苞　周官集注十二卷　周官析疑三十六卷　考工記析義四卷①　周官辨一卷

惠士奇　禮説十四卷

李文炤　周禮集傳六卷

沈淑　周官翼疏三十卷

劉青芝　周禮質疑五卷

高宸　周禮三注粹抄二卷

江永　周禮疑義舉要七卷

沈彤　周官禄田考三卷

---

①　"義"，《總目》同，《存目叢書》影印清康熙至嘉慶間刻抗希堂十六種書本本書題名作"疑"。

王文清　周禮會要六卷①

李大潛　周禮拾義

　　右周禮

張爾岐　儀禮鄭注句讀十七卷　附　監本正誤石經正誤二卷

吳肅公　讀禮問一卷②

萬斯大　儀禮商二卷

徐世沐　儀禮惜陰録八卷

徐乾學　讀禮通考一百二十卷

李光坡　儀禮述注十七卷

朱董祥　讀禮紀略六卷　附　婚禮廣義一卷

毛奇齡　儀禮疑義二卷　喪禮吾説篇十卷③

方苞　儀禮析疑十七卷

吳廷華　儀禮章句十七卷

諸錦　補饗禮一卷

蔡德晉　禮經本義十七卷

任啓運　宮室考十三卷　肆獻裸饋食禮三卷

江永　儀禮釋宮增注一卷　儀禮釋例一卷

沈彤　儀禮小疏一卷

朱建子　制服圖考八卷④

盛世佐　儀禮集編四十卷

　　右儀禮

---

①　此條目係繆氏批補，兹保留。

②　此條目係繆氏批補，兹保留。

③　"喪禮吾説篇十卷"七字係繆氏批補，兹保留。

④　"考"，原缺，據繆氏批注補。"制服圖考"，《總目》作"服製圖考"，《存目叢書》影印清鈔本作"喪服制考"。

黄宗羲　深衣考一卷

徐世溥　夏小正解一卷

萬斯大　禮記偶箋三卷

張沐　禮記疏略四十七卷

徐世沐　禮記惜陰録八卷　耿極王制管窺一卷

李光坡　禮記述注二十八卷

納喇性德　陳氏禮記集說補正三十八卷

毛奇齡　曾子問講録四卷

姜兆錫　禮記章義十卷

黄叔琳　夏小正注一卷

冉覲祖　禮記詳說

朱軾　校補禮記纂言三十六卷

方苞　禮記析疑四十六卷

沈元滄　禮記類編三十卷

陸奎勳　戴記緒言四卷

邵泰衢　檀弓疑問一卷

諸錦　夏小正詁一卷

任啓運　禮記章句十卷

劉青蓮　學禮闕疑八卷

江永　禮記訓義擇言八卷　深衣考誤一卷

王心敬　禮記彙編八卷

　　右禮記

張怡　三禮合纂二十八卷

孫自務　讀禮竊注一卷

劉凝　稽禮辨論一卷

萬斯大　學禮質疑二卷

陸隴其　讀禮志疑六卷

毛奇齡　郊社禘祫問一卷　昏禮辨正一卷　廟制折衷三卷
　大小宗通繹一卷①　學校問一卷　明堂問一卷

李瑞　郊社考辨一卷

惠周惕　禮説

汪紱　參讀禮志疑二卷

張必剛　三禮會通二卷

　　　右三禮總義

應撝謙　禮樂彙編七十卷

賀寬　五禮輯要一卷

汪琬　古今五服考異八卷

姜兆錫　儀禮經傳内編二十三卷②　外編五卷

朱軾　儀禮節要二十卷

胡掄　禮樂通考三十卷

江永　禮書綱目八十五卷

梁萬方　重刊朱子儀禮經傳通解六十九卷

秦蕙田　五禮通考二百六十二卷

　　　右通禮

許三禮　讀禮偶見二卷

李光地　朱子禮纂五卷

毛奇齡　辨定祭禮通俗譜五卷

李瑞　學記五卷

---

①　"繹"，原作"釋"，據《總目》及《存目叢書》影印清康熙刻西河合集本本書題名改。

②　"儀"，原作"傅"，據繆氏批校改。

王復禮　家禮辨定十卷

王心敬　四禮寧儉編

曹廷棟　婚禮通考二十四卷

張文嘉　齊家寶要二卷

　　　右雜禮書

孝經類

魏裔介　孝經注義一卷

耿介　孝經易知一卷

彭瓏　孝經纂注二卷

吳之騄　孝經類解十八卷

李之素　孝經正文一卷　內傳一卷　外傳三卷

邱鍾仁　孝經通解四卷　孝經約注一卷

毛奇齡　孝經問一卷①

竇克勤　孝經闡義一卷　字敏修，河南柘城人。康熙乙酉舉人，官至山西忻州、直隸州知州。②

冉覲祖　孝經詳説二卷。

朱軾　孝經一卷。

姜兆錫　孝經本義一卷③

吳隆元　孝經三本管窺一卷

張星徽　孝經集解一卷

任啟運　孝經章句一卷

華玉淳　孝經通義一卷

---

① “問”，原缺，據繆氏批注補。

② 以上三十一小字係繆氏批補，兹保留。“敏修”二字原爲空格，兹據《總目》補。

③ 此條目係繆氏批補，兹保留。

曹廷棟　孝經通釋十卷

諸經總義類

孫承澤　五經翼二十卷

沈起　墨菴經學

顧炎武　九經誤字一卷

龔廷歷　稽古訂譌

汪琬　經解七卷

呂治平　五經辨訛五卷①

吳浩　三傳三禮字疑六卷　附　春秋大全字疑一卷　禮記大

　　全字疑一卷　十三經義疑十二卷

姚際恒　九經通論一百七十卷

齊祖望　勉菴說經十卷

周象明　七經同異考三十四卷

朱董祥　經史辨疑一卷

納喇性德　九經解二千八百四十卷

毛奇齡　經問十八卷　經問補三卷

冉覲祖　經說一卷

焦袁熹　此木軒經說彙編六卷

江爲龍　六經圖十六卷

盧雲英　重編五經圖十二卷

邵向榮　冬餘經說十二卷

沈淑　經玩二十卷

鄭方坤　經稗六卷

陳祖范　經咫一卷

---

① 此條目係繆氏批補，茲保留。

李重華　三經附義六卷

惠棟　九經古義十六卷

江永　羣經補義五卷

童能靈　清時新書九卷

沈延芳　十三經注疏正字八十一卷

程川　朱子五經語類八十卷

沈炳震　九經辨字瀆蒙十二卷

王峋　六經圖六卷

郭兆奎　心園説二卷

陳鶴齡　十三經字解

余蕭客　古經解鉤沉三十卷

楊魁植　九經圖

黃文澍　經解五卷　經義雜著一卷

朱彝尊　經義考三百卷改入史部目録類。①

---

① 此條目連同小字係繆氏批補，兹保留。

卷六

經　部

四書類

孫奇逢　四書近指二十卷

刁包　四書翊注四十二卷

周在延　朱子四書語類五十二卷

黄宗羲　孟子師説二卷

董養性　四書訂疑二十二卷

李容　四書反身録六卷　續補一卷

魏裔介　四書大全纂要

郝浴　中庸解一卷　孟子解一卷

張爲仁　四書隅説四册

徐世沐　四書惜陰録二十一卷

胡渭　大學翼真七卷

李光地　大學古本説一卷　中庸章段一卷　中庸餘論一卷
　讀論語劄記二卷　讀孟子劄記二卷

陸隴其　四書講義困勉録三十七卷　松陽講義十二卷^①　三魚
　堂四書大全四十卷　續困勉録六卷

邵嗣堯　四書初學易知解十卷

---

① “義”，原作“卷”，據繆氏批校改。

任大任　中庸解一卷

陳諟　四書述十九卷

秘丕笈　四書鈔十八卷

閔嗣同　四書貫一解十一卷

周夢顏　讀孟偶評二卷

閻若璩　四書釋地一卷　四書釋地續一卷　四書釋地又續二卷　四書釋地三續二卷

毛奇齡　論語稽求篇四卷　四書賸言四卷　補二卷　大學證文四卷　大學知本圖説一卷　大學問一卷　中庸説五卷

王原　四書講義四册

李璐　論語傳注二卷　大學傳注一卷　中庸傳注一卷　傳注問一卷

陸邦烈　聖門釋非錄五卷

楊名時　四書劄記四卷　辟雍講義一卷　大學講義一卷　中庸講義一卷

焦袁熹　此木軒四書説九卷

汪份　增訂四書大全十四卷

王澍　大學困學錄一卷　中庸困學錄一卷

孫見龍　五華纂訂四書大全十四卷

孫嘉淦　成均講義

王士陵　四書纂言

張文蔚　大學偶言一卷

崔紀　成均課講學庸　讀孟子劄記　論語温知錄二卷

王植　四書參注

夏力恕　菜根堂劄記十二卷

陳綽　四書錄疑三十九卷

王步青　四書本義匯參四十五卷

潘思榘　籧峯講義四卷

任啟運　四書約旨十九卷

桑調元　論語説二卷

江永　鄉黨圖考十卷

康吕賜　讀大學中庸日録二卷

王心敬　江漢書院講義十卷①

胡在角　四書説注尼詞十卷

劉琴　四書順義解十九卷

陳鉉　四書就正録十九卷

李祖惠　虹舟講義二十卷

范凝鼎　四書句讀釋義十九卷

程大中　四書逸箋六卷②

戴鉉　四書講義尊聞録二十卷

王國瑚　四書窮鈔十六卷

樂　類

應撝謙　古樂書二卷

熊賜履　辨樂膡語一卷

孔貞瑄　大成樂律一卷

李光地　古樂經傳五卷

毛奇齡　竟山樂録四卷　聖諭樂本解説二卷　皇言定聲録八卷

王建常　律吕圖説九卷

李琭　李氏學樂録二卷

顧陳垿　鍾律陳數一卷

---

① “義”，原作“卷”，據《總目》改。

② “逸箋六卷”，原作“句讀釋義”，據繆氏批校改。

周模　律吕新書注三卷

吕夏音　律吕新書衍義一卷

胡彦昇　樂律表微八卷

何夢瑶　廣和録二卷

江永　律吕新論二卷　律吕闡微十卷

王坦　琴旨二卷

沈光邦　易律通解八卷　字廷颻，浙江臨海人。康熙庚子舉人，内閣中堂佟福建漳州海防同知。① 依大易消息，因律减半計算，復定元數，發古今未發之秘。②

童能靈　樂律古義二卷

潘士權　大樂元音七卷

羅登選　律吕新書箋義二卷　附　八音考略一卷

張紫芝　律吕圖説一卷③

潘繼善　音律節略考一卷

都四德　黄鐘通韻二卷

小學類

黄生　字詁一卷

毛奇齡　越語肯綮録一卷

姜兆錫　爾雅補注六卷

王言　連文釋義一卷

杭世駿　續方言二卷

吴玉搢　别雅五卷

　　右訓詁

顧炎武　字記六卷

---

① 以上二十七小字係繆氏批批補，兹保留。
② 以上二十二字係繆氏眉批，兹移録於此處。
③ "説"，原缺，據繆氏批注補。

林尚葵　李根　廣金石韻府五卷

錢邦芑　他山字學二卷

馮調鼎　六書凖四卷

閔齊伋　六書通十卷

劉凝　韻原表一卷　石鼓文定本二卷

顧景星　黃公説字

吳震方　讀書正音四卷

林佶　漢隸考一卷

陈策　篆文纂要四卷

熊文登　字辨七卷

傅世垚　六書分類十二卷

程德洽　説文廣義十二卷

佟世男　篆字彙十二卷

汪立名　鐘鼎字源五卷

姜日章　天然窮源字韻九卷

楊錫觀　六書辨通五卷　六書例解一卷　附　六書雜説一卷
　八分書辨一卷

成端人　五經字學考五卷

劉臣敬　六經字便

李京　字學正本五卷

衛執穀　字學同文四卷

汪憲　説文繫傳考異四卷　附録一卷

顧藹吉　隸辨八卷

周靖　篆隸考異二卷

莊履豐　莊鼎鉉　古音駢字續編五卷
　右字書

楊慶　古韻叶音六卷　佐同録五卷

徐世溥　韻藂一卷

顧炎武　音論三卷　詩本音十卷　易音三卷　唐韻正二十卷
　古音表二卷　韻補正一卷

柴紹炳　古韻通八卷

毛先舒　聲韻叢説一卷　韻問一卷　韻學通指一卷　韻白
　一卷

耿人龍　韻統圖説

虞德升　諧聲品字箋

萬斯同　聲韻源流考

毛奇齡　古今通韻十二卷　易韻四卷　韻學要指十一卷

李因篤　廣韻正四卷

潘耒　類音八卷

吳任臣　字彙補六卷

施何牧　韻雅五卷

邵長蘅　韻略五卷

熊士伯　古音正義一卷　等切元聲十卷

顧陳垿　八矢注字圖説一卷

仇廷模　古今韻表新編五卷

紀容舒　唐韻考五卷

錢人麟　聲韻圖譜

莫宏勲　類字本意

王植　韻學臆説一卷　韻學五卷

樊騰鳳　五方元音二卷

劉維謙　詩經叶音辨譌八卷

江永　古韻標準四卷　四聲切韻表一卷

吳起元　詩傳叶音考三卷

龍爲霖　本韻一得二十卷

潘咸　音韻源流五十卷

江昱　韻歧四卷

王祚禎　音韻清浊鑑三卷①

潘遂先　聲音發源圖解一卷

　　右韻書②

① “清浊”，原缺，據《總目》及《存目叢書》影印清康熙六十年善樂堂刻本本書題名改。

② “書”，原作“音”，據繆氏批校。

卷七

史　部

正史類

傅以漸　明史紀

邵遠平　明史類編四十二卷

王鴻緒　明史稾三百十卷

汪越　讀史記十表十卷

楊陸榮　五代史志疑四卷

厲鶚　遼史拾遺二十四卷

邵泰衢　史記疑問一卷

杭世駿　三國志補注六卷①　諸史然疑一卷

編年類

芮長恤　綱目分注拾遺四卷

蔡方炳　通鑑類編六十卷

李學孔　皇王史訂四卷

范承勳　通鑑參注

徐乾學　資治通鑑後編一百八十四卷

焦袁熹　此木軒紀年略五卷

---

① "補",原作"志",據繆氏批校改。

陳景雲　通鑑胡注舉正一卷　綱目訂誤四卷

徐文靖　竹書統箋十二卷

孫之騄　考定竹書十三卷

張庚　通鑑綱目釋地糾繆六卷　補注六卷

紀事本末類

吳偉業　綏寇紀略十二卷

谷應泰　明史紀事本末八十卷

馮甦　滇考二卷

馬驌　繹史一百六十卷

蔡毓榮　通鑑本末紀要八十一卷

藍鼎元　平臺紀略一卷　附　東征集六卷

別史類

傅維鱗　明書一百七十一卷

吳綏　廿二史紀事提要八卷

葉映榴　北史豹斑三卷　周書錄要一卷

遼史紀實一卷

萬斯同　歷代史表五十三卷

王廷燦　漢後書十四卷

潘永圜　讀史津逮四卷

陳厚耀　春秋戰國異辭五十四卷　通表二卷　摭遺一卷

王復禮　季漢五志十二卷

姚之駰　後漢書補逸二十一卷

李鍇　尚史一百七卷

龍體剛　半窗史略四十二卷

郭倫　晉記六十八卷

雜史類

毛霦　平叛紀二卷

李確　平寇志十二卷

王崇簡　南渡録一卷

馮甦　見聞隨筆二卷

王士禛　召對録一卷

夏駟　交山平寇本末三卷　附　詩一卷　詳文一卷　書牘
　　一卷

裴天錫　守鄂録四卷

方象瑛　封長白山記一卷

楊捷　平閩記十三卷

王得一　師中紀績一卷

王萬祥　西征紀略二卷　紀盛集一卷

許盛恢　復南贛事略一卷

毛奇齡　武宗外紀一卷　後鑒録七卷

俞益謨　辦苗紀略八卷

姚之駰　元明事類鈔四十卷

俞美英①　遜代陽秋二十八卷

孫之騄　二申野録八卷

奏議類

姚文然　奏疏四卷

李蔭祖　奏議六卷

劉應賓　疏稟三册

---

① "俞",《總目》作"余"。

郝惟訥集五卷

李之芳　奏疏十五卷　附　年譜一卷

任克溥　奏疏四卷

賈宏祚　奏疏一卷

張勇　奏疏六卷

曹本榮　奏議稽詢四十四卷

郝浴　奏議二卷

王廣心　奏疏二册

朱紹鳳　奏稾一卷

徐必遠　奏疏一卷

徐越　奏疏

胡文學　疏稾一卷

余緒　大觀堂文集三卷

楊素薀　西臺奏議一卷　京兆奏議一卷

楊雍建　奏疏　撫黔奏疏八卷

王又旦　奏疏一卷

孫蕙　奏疏一卷

張鵬　奏疏二卷

靳輔　奏疏八卷

車萬育　疏稾一卷

董訥　督漕疏草二十二卷

王曰溫　奏疏一卷

宮夢仁　奏疏一卷

郭琇　疏稾五卷

萬正色　平岳疏議一卷　平海疏議一卷　附　平海咨文一卷
　師中小札一卷

張集　奏疏一卷

劉蔭樞　奏疏一卷

張鴻烈　奏疏一卷

李登瀛　奏疏一卷

江蘩　奏議彙

張瑗　奏疏一卷

李發甲　奏疏一卷

徐樹庸　奏疏四册

朱宏祚　清忠堂奏疏

朱之錫　河防疏略二十卷

田文鏡　撫豫宣化録四卷

傳記類

宋際　宋慶長①　闕里廣志二十卷

閻若璩　孟子生卒年月考一卷

孟衍泰　王特選　仲藴錦　三遷志十二卷

楊方晃　孔子年譜五卷

李灼　黄晟　至聖編年世紀二十四卷

　　右聖賢

吴肅公　杜名齊　姑山事録八卷

閔元衢　羅江東外紀三卷

聞性善　聞性道　賀監紀略四卷

徐沁　謝皋羽年譜一卷

黄家遴　楊公政績記一卷

張鵬翮　忠武誌八卷

---

① “宋”，原作“李”，據《存目叢書》影印清康熙十三年刻本本書題名改。

彭定求　周忠介公遺事

毛奇齡　王文成集傳本二卷

張夏　楊文靖年譜二卷

吳存禮　梅里志四卷

朱世潤　朱子年譜六卷

李紱　陸象山年譜二卷

王懋竑　朱子年譜四卷　考異四卷　附録二卷

江永　考訂朱子世家一卷

左宰　左忠毅年譜二卷

史珥　胡忠烈遺事四卷

舒敬亭　朱子文公傳道經世言行録八卷

沈志禮　曹江孝女廟志十卷

　　右名人

孫奇逢　中州人物考八卷

孫承澤　畿輔人物志二十卷　四朝人物略六卷　益智録二十卷

胡時忠　孔庭神在録八卷

曹溶　崇禎五十宰相傳一卷　續獻徵録四十卷

黃宗羲　明儒學案六十二卷

顧炎武　顧氏譜系考一卷

魏禮　寧都先賢傳

魏裔介　聖學知統録二卷　聖學知統翼録二卷　續補高士傳四卷

湯斌　洛學編四卷

趙吉士　續表忠記八卷

耿介　中州道學編二卷　補編一卷

邵燈　天中景行集

王士禛^①　古懽録八卷

熊賜履　學統五十六卷

孫蕙　歷代循良録一卷

萬斯同　儒林宗派十六卷

高兆　續高士傳五卷

陳允衡　古人幾部六卷

潘檉章　松陵文獻録十五卷

項玉笥^②　檇李往哲續編一卷

王崇炳　金華徵獻略二十卷

陳鼎　東林列傳二十四卷　留溪外傳十八卷

聶芳聲　豐陽人物紀略十卷

王永命　山右節烈集一卷　奇節編一卷

杜濬　名賢考概

王應憲　歷代名臣紀要二十卷

范鄗鼎　理學備考三十四卷

宮夢仁　歷代名臣言行録一百二十卷

毛奇齡　勝朝彤史拾遺記六卷

馬教思　皖桐幽貞録一卷

張恒　明儒林録十九卷

張夏　雒閩源流録十九卷

張夏　胡永禔　錫山宦賢考略三卷

張伯行　道統録二卷　附録一卷　道南源委六卷

伊洛淵源續録二十卷

---

① “禛”，原作“禎”，《總目》同，據《存目叢書》影印清康熙四十九年依庸堂刻本本書題名改。“禛”係避雍正諱，今回改，下同。

② “笥”，原作“筍”，據《總目》及2001年齊魯書社出版《四庫全書存目叢書補編》影印清康熙退圃刻本本書題名改。

吳允嘉　吳越順存集三卷　外集一卷

盛楓　嘉禾徵獻録四十六卷

孔尚任　人瑞録一卷

徐賓　歷代黨鑑五卷

劉梅　三立祠傳贊四卷

薛應吉　孝義傳二卷　艱貞録一卷

郭世勳　賢達傳四卷

李暄亨　雲中節義録一卷

朱軾　史傳三編五十六卷

何屬乾　又尚集二卷

費緯褕　聖宗集要八卷

黃容　卓行録四卷

藍鼎元　修史試筆二卷

沈佳　明儒言行録十卷　續録二卷

胡作柄　荊門耆舊紀略三卷　列女紀略一卷

王植　道學淵源録一卷

楊錫紱　節婦傳十五卷

康偉然　黌祀紀蹟十卷

李清馥　閩中理學淵源考九二十卷　閩學志略十七卷

王心敬　關學編五卷

彭遵泗　蜀碧四卷

張璿　太學典祀彙考十四卷

張先嶽　循良前傳約編四卷

余丙　學宮輯略六卷

郭景昌　吉州人文紀略二十六卷

錢尚衡　孝史十卷

　　右總録

卷八

史　部

傳記類

孫廷銓　南征紀略二卷

袁國梓　齊政録四卷

許纘曾　滇行紀程一卷　續抄一卷　東還紀程一卷　續抄一卷

胡文學　李贄一卷

王士禎　蜀道驛程記二卷　南來志一卷　北歸志一卷　秦蜀
　驛程後記二卷

杜臻　閩粵巡視紀略六卷

葉方恒　治萊訓迪講語一卷

王鉞　粵遊日記一卷

周燦　使交記一卷

彭鵬　東粵日省一卷

李仙根　安南使事記一卷

張學禮　使琉球記一卷

盧崇興　治禾紀略五卷

田雯　楚儲末議二卷　撫黔事宜一卷

張榕端　海岱日記一卷

毛奇齡　何御史孝子祠主復位録一卷

李澄中　滇行日記二卷

汪楫　使琉球雜録一卷

龔翔麟　珠海奉使記一卷

高士奇　扈從西巡日録一卷　松亭行記二卷　塞北小鈔一卷

余寀　塞程別紀一卷

趙俞　治陶紀實一卷

黃叔璥　南征紀程一卷

畢日澐　滇遊記一卷　附記一卷

藍鼎元　鹿洲公案二卷

周宣智　念貽騰紀一卷

張體乾　東游紀略二卷

　　右雜録

曹溶　劉豫事蹟一卷

　　右別録

史鈔類

方亨咸　班馬筆記

王士禄　讀史蒙拾一卷

葉映榴　劉宋腴詞一卷　隨書鈔略二卷　五代史標新一卷
金史膚辭一卷　元史刪餘一卷

陳允錫　史緯三百三十卷

陳維崧　兩晉南北集珍六卷

沈名蓀　朱昆田　南史識小録八卷　北史識小録八卷

載記類

毛先舒　南唐拾遺記一卷

葉映榴　南齊佳話一卷　蕭梁典故二卷

張愉曾　十六國年表一卷

吳任臣　十國春秋一百十四卷

汪楫　中山沿革志二卷

孔尚質　十六國年表二十二卷

時令類

董穀士　董炳文　古今類傳歲時部四卷

孔尚任　節序同風録

朱濂　時令彙紀十六卷　餘日事文四卷

地理類

顧炎武　天下郡國利病書一百二十卷　肇域志二百卷

熊賜履　天下輿地圖

朱約淳　閱史津逮

顧祖禹　方輿紀要一百三十卷

徐文靖　山河兩戒考十四卷

　　右總志

畿輔通志一百二十卷　李衛等監修。

江南通志二百卷　趙宏恩等監修。

江西通志一百六十二卷　尹繼善等監修。

浙江通志二百八十卷　嵇曾筠等監修。

福建通志七十八卷　郝玉麟等監修。

湖廣通志一百二十卷　邁柱等監修。

湖南通志一百十四卷　陳宏謀等監修。

河南通志八十卷　王士俊等監修。

續河南通志八十卷　<small>阿思哈等監修。</small>

山東通志三十六卷　<small>岳濬等監修。</small>

山西通志二百三十卷　<small>覺羅石麟等監修。</small>

陝西通志一百卷　<small>劉於義等監修。</small>

甘肅通志五十卷　<small>許容等監修。</small>

四川通志四十七卷　<small>黃廷桂等監修。</small>

廣東通志六十四卷　<small>郝玉麟等監修。</small>

廣西通志一百二十八卷　<small>金鉷等監修。</small>

雲南通志三十卷　<small>鄂爾泰等監修。</small>

貴州通志四十六卷　<small>鄂爾泰等監修。</small>

顧炎武　歷代帝王宅京記二十卷

談遷　海昌外志

蘇銑　西甯志七卷

王訓　續安邱志二十五卷

宋琬　永平府志二十四卷

汪森　粵西統載六十卷

田雯　黔書二卷

張貞　杞紀二十二卷

毛奇齡　杭志三詰三誤辨一卷　蕭山縣志刊誤三卷

林謙光　臺灣紀略一卷

張聖誥　登封縣志十卷

沈甹　琅鹽井志四卷

管棆　師宗州志二卷

林本裕　遼載前集二卷

張萬壽　揚州府志四十卷

陳履中　河套志六卷

印光任　張汝霖　澳門紀略二卷

　　右都會郡縣

孫承澤　河紀二卷

黃宗羲　今水經一卷

翁澍　具區志十六卷

閻廷謨　北河續記八卷

崔維雅　河防芻議六卷

孫宗彝　治水要議一卷

顧士連　新劉河志一卷　婁江志二卷

葉方恒　山東全河備考四卷

錢中諧　三吳水利議一卷

萬斯同　明代河渠考①　崑崙河源考一卷

薛鳳祚　兩河清彙八卷

沈炳巽　水經注集釋訂譌四十卷

趙一清　水經注釋四十卷刊誤十二卷

靳輔　治河奏績書四卷　附　河防述言一卷

田雯長　河志籍考②十卷

陳士鑛　明江南治水記一卷

毛奇齡　湘湖水利志三卷

沈愷曾　東南水利八卷

張伯行　居濟一得八卷

陳儀　直隸河渠志一卷

金友理　太湖備考十六卷

傅澤洪　行水金鑑一百七十五卷

來鴻雯　重訂蕭山水利書初集二卷

張文瑞　蕭山水利書續集一卷　三集三卷

---

① “考”，原作“卷”，據繆氏批校改。

② “籍考”，原缺，據《總目》及《四庫全書》本書題名補。

張學懋　蕭山水利書附集一卷

齊召南　水道提綱二十八卷

馮祚泰　治河前策二卷　後策二卷

郭起元　水鑑六卷

沈光曾　安瀾文獻一卷

翟均廉　海塘録二十六卷

　　右河渠

杜臻　海防述略一卷

譚吉璁　延綏鎮志六卷

毛奇齡　蠻司合志十五卷

姜宸英　江防總論一卷　海防總論一卷

　　右邊防

卷九

史　部

地理類

李碻　乍浦九山補志十二卷

彭而述　衡嶽記異一卷

黃宗羲　四明山志九卷

顧炎武　昌平山水記二卷

閔麟嗣　黃山志七卷

羅森　麻姑山丹霞洞天志十七卷

蔣超　峨眉山志十八卷

張萬選　太平三書十一卷

范承勳　雞足山志十卷

王士禛　浯溪考二卷　長白山錄一卷　補遺一卷

張貞生　王山遺響六卷

孔貞瑄　泰山紀勝一卷

吳闓思　匡廬紀遊一卷

張崇德　恒岳志三卷

韓作棟　七星巖志十六卷

曹熙衡　峨眉山志十八卷

張岱　西湖夢尋五卷

李標　穹窿山志六卷

徐崧　張大純　百城烟水九卷

宋犖　盤山志一卷

柯願　蟂磯山志二卷

錢以塏　羅浮外史

張尚瑗　潊水志林二十六卷①

陳鵬年　焦山志二卷

景日昣　説嵩三十二卷　嵩嶽廟史十卷

吳騫　惠陽山水紀勝四卷

王復禮　武夷九曲志十六卷

朱謹　馬鞍山志一卷　雞足山志一卷

朱謹　陳璿　普陀山志十五卷

徐泌　湘山志八卷

王維德　林屋民風十二卷

毛德琦　廬山志十五卷

陳文在　玉華洞志六志

傅王露　西湖志四十八卷

宋廣業　羅浮山志會編二十二卷

馬符録　西樵志六卷

蔣宏任　峽石山水志一卷

梁詩正　沈德潛　西湖志纂十二卷

王概　太嶽太和山紀略八卷

姜虬緣　金井志四卷

聶鈫　泰山道里記一卷

潘廷章　峽川志一卷

夏基　西湖覽勝十四卷

---

①　"潊"，原作"潊"，據繆氏批校改。

邱俊　南湖紀略棄六卷

釋元賢　鼓山志十二卷

釋性制　龍唐山志五卷

釋德基　寶華山志十卷

釋實行　雁山圖志

　　右山川

陳宏緒　江城名蹟二卷

顧炎武　營平二州地名記一卷

施閏章　補輯青原志略十三卷

宋犖　滄浪小志二卷

郎遂　杏花村十二卷

程元愈　二樓小志四卷

高士奇　金鼇退食筆記二卷

吳雲　靈谷寺志十六卷

毛德琦　白鹿書院志十九卷

吳陳琰　通玄觀志二卷①

諸紹禹　孔宅志六卷

蕭韻　丹霞洞天志十七卷

鄭元慶　石柱記箋釋五卷

張暘　武林志餘三十二卷

厲鶚　增修雲林寺志八卷

周城　宋東京考二十卷

鄭之僑　鵝湖講學會編十二卷

---

① "玄"原作"元",《總目》同,據《存目叢書》影印清康熙刻本改。"元"係避康熙諱,今回改。

畢沅　關中勝蹟圖志三十二卷

釋元奇　江心志十二卷

　　右古蹟

孫承澤　天府廣記四十四卷

孫廷銓　顏山襍記四卷

顧炎武　山東考古錄一卷　譎觚一卷

畢振姬　四州文獻摘鈔四卷

勞大輿　甌江逸志一卷

吳綺　嶺南風物紀一卷

閔叙　粵述一卷

王士禛　廣州遊覽小志一卷

杜臻　閩越疆理記

王鉞　星餘筆記一卷

汪价　中州雜俎三十五卷

夏之符　姑孰備考八卷

陸次雲　湖壖雜記一卷

葉燮　江南星野辨一卷

吳震方　嶺南雜記二卷

王廷燦　乘槎偶記

李麒光　臺灣雜記①

錢以塏　嶺海見聞四卷

徐懷祖　臺灣隨筆一卷

倪璠　神州古史考一卷　方輿通俗文一卷

方式濟　龍沙紀略一卷

---

①　“李麒”、“雜記”，《總目》作“李麟”、“紀略”，《存目叢書》影印清康熙刻《說鈴》本作“季麒”，“雜記”。

黄叔璥　臺海使槎録八卷
江德中　西粤對問
文行遠　潯陽蹠醢六卷
陳祥裔　蜀都碎事六卷
畢日溇　蒼洱小記一卷
厲鶚　東城襍記二卷
孫之騄　南漳子二卷

右雜記

李仙根　安南雜記
南懷仁　坤輿圖説二卷
利類思　安文思　南懷仁　西方要記一卷
陸次雲　八紘譯史四卷　紀餘四卷　八紘荒史一卷　峝谿纖志三卷　志餘一卷
李來章　連陽八排風土記八卷
孫致彌　朝鮮採風録
潘鼎珪　安南紀遊一卷
圖理琛　異域録一卷
陳倫炯　海圖聞見録二卷[1]
徐葆光　中山傳信録六卷
段汝霖　楚南苗志六卷
釋大汕　海外紀事六卷

右外紀

職官類

孫承澤　三垣筆記

---

① “圖”,《總目》作“國”。

王崇簡　三垣筆記一卷
牛天宿　百寮金鑑十二卷
蔡方炳　銓政論略一卷
鄭端　政學錄五卷
萬斯同　歷代宰輔彙考八卷
袁定遠　歷代銓選志一卷
蔣伊　臣鑑錄二十卷
趙申喬　自治官書二十四卷
翁叔元　太學志
凌銘麟　文武金鏡律例指南十六卷
朱而琦　治齊小記
高士奇　天祿識餘一卷
陳鵬年　歷仕政略一卷
張鵬翼　立朝三譜三卷
黃叔璥　南臺舊聞十六卷

卷十

史　部

政書類

孫承澤　元朝典故編年考十卷

嵇永仁　集政備考

　　　右通制

孫承澤　學典三十卷

陸世儀　宗祭禮一卷

應撝謙　家塾祀典一卷

張安茂　頖宮禮樂全書十六卷

郎廷極　文廟從祀先賢先儒考一卷

湯斌　謚法類鈔一卷

王士禎　春曹儀注一卷　琉球入太學始末一卷　國朝謚法考
　　一卷

萬斯同　廟制圖考一卷

鍾淵映　歷代建元考十卷

孔毓慈　文廟備考十六卷

翟熠　丁祀存考七卷

毛奇齡　辨定嘉靖大禮議二卷　北郊配位議一卷　廟制折衷
　　二卷　祭祀通俗譜二卷　制科雜録一卷

江繁　四譯館考十卷　太常紀要十五卷
王原　歷代宗廟圖考二卷
李周望　謝履忠　國學禮樂録二十四卷
黃琳　紀元彙考三十五卷
張行言　聖門禮樂統二十四卷
彭其位　學宮備考十卷
陳景雲　紀元要略二卷　補遺一卷
劉宗魏　歷代帝系年號二十卷
　　　右典通禮

王庭　三邑嵌田志一卷
胡文學　淮鹺本論二卷
王應憲　鹽鐵志二十卷　漕運考二卷
許自俊　司計全書
周夢顔　蘇松歷代財賦考一冊
彭寧求①　歷代山澤征稅記一卷
吳暻　左司筆記二十卷
陳芳生　捕蝗考一卷
俞森　荒政叢書十卷
邱峻　泉刀匯纂
張端木　錢録十二卷
　　　右邦計

譚吉璁　歷代武舉考一卷
　　　右軍政

---

① “寧”，原作“凝”，據《總目》改。“凝”係避道光諱，今回改。

楊雍建　政學編一卷
李柟　律令箋注
彭孫貽　提刑通要
蕭震　洗冤録
右刑法

吴允嘉　浮梁陶政志一卷①
右考工

目録類

黄虞稷　千頃堂書目三十二卷
錢曾　讀書敏求記四卷　述古堂書目
王鉞　讀書蕞殘三卷
朱彝尊　經義考三百卷
尤侗　明藝文志五卷
右經籍

胡世安　禊帖綜聞一卷
孫承澤　閒者軒帖考一卷
曹溶　金石表一卷
顧炎武　求古録一卷　金石文字記六卷　石經考一卷
葉封　嵩陽石刻集記二卷
萬斯同　石經考一卷
林侗　來齋金石考一卷

---

① “梁”,原缺,據繆氏批校補。

張弨　昭陵六駿贊辨一卷　瘞鶴銘辨一卷

汪士鋐　瘞鶴銘考一卷

陳奕禧　金石遺文録十卷

葉萬　續金石録

李光暎　觀妙齋金石文考略十六卷

萬經　分隸偶存二卷

劉青藜　金石續録四卷

黃叔璥　中州金石考八卷

王澍　淳化祕閣法帖考正十二卷　竹雲題跋四卷

褚峻　牛運震　金石經眼録一卷　金石圖二卷

杭世駿　石經考異二卷

　　　右金石

史評類

孫廷銓　漢史億二卷

陳忱　讀史隨筆六卷

黃宗羲　歷代甲子考一卷

吳肅公　讀書論世十六卷

談遷　史論六卷

魏裔介　經世編七十二卷　鑑語經世編二十七卷

蔣超　論史百篇

胡夢泰　弱焚園論史書後一卷

郝浴　史論二卷

黃鵬揚　讀史吟評一卷　史評辨正四卷

申涵盼　史籍一卷

張彥士　讀史彎疑十卷

賀裳　史折三卷　續一卷

邵遠平　史學辨誤十二卷

金維寧①　垂世芳型十三卷

華慶遠　論世八編十二卷

陳詵　資治通鑑述一卷

尤侗　看鑑偶評五卷

施鴻　澂景堂史測十四卷

朱嘉徵　經世書一百卷

張篤慶　班范肪截四卷　五代史肪截四卷

黃叔琳　史通訓故補二十卷

仲宏道　增定史韻四卷　附　讀史小論一卷

朱直　史論初集

夏敦仁　十七史論九卷　年表一卷

張鵬翼　芝壇史案五卷

浦起龍　史通通釋二十卷

宋士宗　史學正藏五卷

郭倫　十七朝史論一得一卷

劉風起②　石溪史話八卷

周池　唐鑑偶評四卷

---

① "寧",原作"凝",據《總目》改。"凝",係避道光諱,今回改。

② "風",《存目叢書》影印清乾隆刻本同,《總目》作"鳳"。

卷十一

子　部

儒家類

孫奇逢　理學傳心纂要八卷　歲寒居答問二卷　附錄一卷

刁包　潛室劄記二卷

孫承澤　四先生學約十四卷　學約續編十四卷　考正晚年定
　論二卷　明辨錄二卷

高世泰　紫陽通志錄四卷

陳瑚　聖學入門書

白允謙　學言三卷

胡統虞　此菴語錄十卷

張時爲　界軒集八卷

黃采　性圖一卷

王甡　學案一卷

顏元　存性編二卷　存學編四卷　存治編一卷　存人編一卷

陸世儀　思辨錄輯要三十五卷

張履祥　楊園全書三十四卷

黃宗羲　二程學案二卷

王錟　讀書質疑二卷　欲從錄十卷

顧炎武　下學指南二卷

應撝謙　性理大中二十八卷

魏裔介　致知格物解二卷　周程張朱正脈　希賢錄十卷　論

性書二卷　約言録二卷

魏象樞　知言録一卷　儒宗録一卷

蘇宏祖　經世名言十二卷

朱顯祖　臆言四卷

張能鱗　儒宗理要二十九卷

王庭　理學辨一卷

耿介　理學要旨一卷

汪琬　讀書正譌一卷

蕭企昭　性理譜五卷

鄭光羲　續近思録二十八卷

朱澤澐　朱子聖學考略十卷

張沐　溯流史學鈔二十卷

熊賜履　閑道録三卷　下學堂劄記三卷　學辨一卷　樸園邇
　語一卷

顧棟南①　大儒粹語二十八卷

鄭端　朱子學歸二十三卷

王鉞　朱子語類纂十三卷

秦雲　爽紫陽大旨八卷

高愈　小學纂注六卷

萬斯大　事心録一卷

沈珩　書院會語一卷

李光地　榕村語録三十卷　注解正蒙二卷②　榕村講授三卷
　邵子内外觀物篇注二卷

---

① “南”，《總目》作“高”。

② “注解正蒙”，原作“正蒙注解”，據《總目》及《四庫全書》本書題名改。

陸隴其　讀朱隨筆四卷　三魚堂賸言十二卷[1]　松陽鈔存二卷
　問學録四卷

張烈　王學質疑一卷　附録一卷

徐乾學　教習堂條约一卷

張鵬翮　信陽子卓録八卷

周召　雙橋隨筆十二卷

陳兆成　太極圖説注解

蔣伊　萬世玉衡録四卷

彭定求　儒門法語四卷　明賢蒙正録二卷

王宏撰　正學隅見述一卷

王嗣槐　太極圖説論十四卷

孫子昶　太極圖説集注一卷

沈光斗　性理五聲四卷

李明德　性命理氣圖解一卷

張伯行　二程語録十八卷　小學集解六卷　續近思録十二卷
　學規類編二十七卷　性理正宗四十卷　廣近思録十四卷
　濂洛關閩書十九卷　困學録集粹八卷

黃澄　小學集解六卷

王建常　小學句讀記六卷

竇克勤　理學正宗十五卷　事親庸言二十卷　講習録十卷
　尋樂堂劄記一卷　泌陽學規一卷　竇氏語録一卷

王原　理學臆參一卷

黃百家　體獨私鈔四卷　王劉異同五卷

于準　正修録三卷　齊治録三卷

姜兆錫　家語正義十卷　孔叢子正義五卷

---

① “賸”，原作“縢”，據繆氏批校改。

李塨　大學辨業四卷　聖經學規纂二卷　論學二卷　小學稽
　業五卷

冉覲祖　性理纂要八卷　天理主敬圖一卷

楊名時　程功録五卷

景日昣　嵩陽學凡六卷

張昺　西銘圖論一卷

葉鈴　續小學六卷

馮昌臨　日省編一卷

王明弼　周子疏解四卷

吳台碩　心印正説三十四卷

朱寀　尊道集四卷

劉源渌　近思續録四卷　讀書日記六卷

王建衡　性理辨義二十卷

涂天相　静用堂偶編十卷

王復禮　三子定論五卷

張行言　聖門禮樂統二十四卷　四勉堂勸善集一卷

蔡世遠　鼇峯學約一卷

李紱　朱子晚年全論八卷　陸子學譜二十卷

張鵬翼　理學入門二卷　道統正傳四卷

薛元敏　教學編一卷　息距編一卷

王澍　白鹿洞規條目二十卷　集程朱格物法一卷①　集朱子讀
　書法一卷

王士陵　經書性理類輯精要録六卷

李文炤　太極解拾遺一卷　通書解拾遺一卷　後録一卷　西

---

①　"格"，原作"程"，據《總目》及《存目叢書》影印清乾隆金壇王氏刻積書巖六種本
本書題名改。

銘解拾遺一卷　後録一卷　正蒙集解九卷　近思録集解
　十四卷

藍鼎元　棉陽學準五卷　女學六卷

譚旭　謀道續録二卷

崔紀　讀周子劄記

王植　濂關三書　正蒙初義十七卷

鄧鍾岳　知非録一卷

勞史餘　山遺書十卷

何國材　虛谷遺書三卷

程大純　筆記二卷

茅星來　近思録集注十四卷

周宗濂　耻亭遺書十卷

張鏐　張子淵源録十卷

雷鋐　讀書偶記三卷

任啓運　女教經傳通纂二卷

桑調元　躬行實踐録十五卷

許焞　載道集六十卷

趙子隨　庸行録四卷

童能靈　朱子爲學考三卷　理學疑問四卷

范爾梅　讀書小記三十卷

江永　近思録集注十四卷

康呂賜　南阿集二卷

祝洤　淑艾録十四卷　下學編十四卷

曹庭棟　逸語十卷

閻循觀　困勉齋私記四卷

潘繼善　聖學輯要一卷

秦望　思通集二卷　隨意吟一卷

竇文炳　敘天齋講義四卷

程嗣章　明儒講學考一卷

陶圻　業儒臆説一卷

劉鳴珂　砭身集六卷

謝王寵　愚齊反經録十六卷①

蔡洛　性理析疑十五卷

黄文澍　童子問一卷　敬義録一卷

黄爲鷽　理解體要二卷

任德成　讀白鹿洞規大義五卷

---

① “謝”，原缺，“反”，原作“及”，據《總目》及《存目叢書》影印清刻本本書題名補改。

卷十二

子　部

兵家類

王暕　握機經解一卷
汪琬　兵餉一覽二卷
熊賜履　五緯陣圖解一卷
鄭端　孫子彙徵四卷
夏振翼　武經體注大全會解七卷
顧其言　禦海寇芻言一卷
鄧延羅　兵鏡十一卷
傅禹　武備志略五卷
張泰交　歷代車戰叙略一卷

法家類

魏裔介　風憲禁約一卷
陳士鑛　折獄巵言一卷
王明德　讀律佩觽八卷
陳芳生　疑獄箋四卷
譚瑄　續刑法叙略一卷

農家類

張履祥　校定沈氏農書一卷

劉應棠　梭山農譜三卷

楊屾　豳風廣義三卷

醫家類

喻昌　尚論篇八卷　醫門法律六卷　附　寓意草一卷

程林　删定聖濟總録纂要二十六卷

張登　傷寒舌鑑一卷

張倬　傷寒兼證析義一卷①

徐彬　金匱要略論注二十四卷

王子接　絳雪園古方選注三卷　附　得宜本草一卷

魏之琇　續名醫類案六十卷

陳治　證治大還四十卷

馬元儀　馬師津梁八卷

張璐　張氏醫通十六卷　傷寒纘論二卷　緒論二卷　本經逢

　原四卷②　診宗三昧一卷

陳士鐸　石室祕録六卷

李文來　李氏醫鑑十卷　續補二卷

端木縉　醫學彙纂指南八卷

汪淇　保生碎事一卷

黃宮繡　醫學求真録總論五卷

吳儀洛　成方切用十四卷　傷寒分經十卷

徐大椿　神農本草經百種録一卷　難經經釋二卷　蘭臺軌範

　八卷　傷寒類方二卷　醫學源流論二卷　醫貫砭二卷

---

①　“證”，原作“諜”，據《總目》及《四庫全書》本書題名改。

②　“原”，原作“源”，據《總目》及《存目叢書》影印清光緒宣統間渭南嚴氏刻民國

十三年校補醫學初階本本書題名改。

葉柱　臨證指南醫案十卷

李文淵　得心録一卷

鄭重光　傷寒論條辨續注十二卷

江之蘭　醫津筏一卷

黃元御　素問懸解十三卷　靈樞懸解九卷　難經懸解二卷
　傷寒懸解十五卷　傷寒説意十一卷　金匱懸解二十二卷
　長沙藥解四卷　四聖心源十卷　四聖懸樞十卷　素靈微蘊
　四卷　玉楸藥解四卷

天文算法類

王錫闡　曉菴新法六卷

黃宗羲　曆法十一卷

薛鳳祚　天步真原一卷　天學會通一卷

胡亶　中星譜一卷

李光地　曆象本要一卷

游藝　天經或問前集一卷　天經或問後集

梅文鼎　曆算全書六十卷　大統書志十七卷　勿菴曆算書記
　一卷

梅文鼏　中西經星同異考一卷

揭暄　璇璣遺述七卷

秦文淵　秦氏七政全書

陳厚耀　天文編

江永　算學八卷　續一卷

邵昂霄　萬青樓圖編十六卷

許伯政　全史日至源流三十三卷

余熙　八綫測表圖説一卷

　　右推步

杜知耕　幾何論約七卷　數學鑰六卷

方中通　數度衍二十四卷

黃百家　句股矩測解原二卷

李子金　隱山鄙事四卷

陳訏　句股引蒙五卷　句股述二卷

陳世仁　少廣補遺一卷

莊亨陽　莊氏算學八卷

屠文漪　九章録要十二卷

顧長發　圍徑真旨

　　　右算書

術數類

劉世衢　洪範皇極補六卷

陶成　皇極數鈔二卷

王植　皇極經世書解八卷①

徐文靖　皇極經世考三卷

劉斯組　太元別訓五卷

李灝　易範同宗録

徐燦　畫前易衍

張必剛　濬元十六卷

潘士權　洪範補注五卷

舒俊鯤　洪範圖説四卷

奏錫淳　演極圖説四卷

　　　右數學

---

①　"書"，原缺，據《總目》及《四庫全書》本書題名補。

黃鼎　天文大成管窺輯要八十卷

　　　右占候

孫光昶　畫筴圖一卷　撼龍經一卷

梅自實　定穴立向開門放水墳宅便覽要訣四卷

葉泰　山法全書十九卷

　　　右相宅相墓

胡煦　卜法詳考四卷

程良玉　易冒十卷

　　　右占卜

汪漢謀　禽遁七元成局書十四卷

陳應選　陳子性藏書十二卷

　　　右陰陽五行

藝術類

胡世安　操縵録十卷

孫承澤　庚子銷夏記八卷　研山齋墨蹟集覽一卷①　法書集覽

　　三卷　研山齋圖繪集覽

姜紹書　無聲詩史七卷

胡正言　印存初集二卷　印存元覽二卷

郭礎　畫法年紀一卷

萬斯同　書學彙編十卷

---

①　"蹟"，原作"集"，據繆氏批校改。

朱象賢　印典八卷

高士奇　江村銷夏録三卷

王毓賢　繪事備考八卷

馮武　書法正傳十卷

卞永譽　式古堂書畫彙考六十卷

程雄　松風閣琴譜二卷　附　抒懷操一卷

和素　琴谱合璧十八卷

陶南望　草韻彙編二十六卷

厲鶚　南宋院畫録八卷

鄒一桂　小山畫譜二卷

倪濤　六藝之一録四百六卷　續編十二卷

孔衍栻　石村畫訣一卷

顧仲清　歷代畫家姓氏韻編七卷

徐祺　溪山琴况一卷

莊臻鳳　琴學新聲一卷①

程允基　琴談二卷

張庚　國朝畫徵録三卷　續録二卷

蔣驥　傳神祕要一卷

戈守智　漢溪書法通解八卷

曹庭棟　琴學内篇一卷　外篇一卷

王槩　月湖讀畫録一卷

---

① "琴學新聲",《存目叢書》影印清康熙刻本本書題名作"琴學心聲諧譜"。

卷十三

子　部

譜録類

宋犖　漫堂墨品一卷　怪石贊一卷

張仁熙　雪堂墨品一卷

曹素功　曹氏墨林二卷

毛奇齡　觀石後録一卷

林佶　漢甘泉宮瓦記一卷

　　　右器物

陸廷燦　續茶經三卷　附録一卷

劉源長　茶史二卷

曹寅　居常飲饌録一卷

　　　右食譜

胡世安　異魚圖贊箋四卷　異魚圖贊補三卷　閏集一卷

曹溶　倦圃蒔植記三卷

陸廷燦　藝菊志八卷

陳鼎　竹譜一卷

吳崧　箋卉一卷

高士奇　北墅抱甕録一卷

陳邦彥　烏衣香牒四卷　春駒小譜二卷

孫之騄　晴川蟹録四卷　後録四卷

汪憲　苔譜六卷

　　右草木烏獸蟲魚

雜家類

程正揆　讀書偶然録十二卷

孫承澤　藤陰劄記　春明萝餘録七十卷

裴希度　息齋藏書十二卷

曹溶　學海類編

余國楨　見聞記憶録五卷

陳恂　餘菴雜録三卷

王崇簡　冬夜箋記一卷

成克鞏　倫史五十卷

姜紹書　韻石齊筆談二卷

李瀅　懿行編八卷

黃生　義府二卷

徐繼恩　經濟指南四卷

張爾岐　蒿菴閒話二卷

顧炎武　日知録三十二卷　菰中隨笔三卷

楊慶　潛齋處語一卷

魏裔介　柏鄉魏氏傳家録二卷　附　家約一卷　勸世恒言一
　卷　牛戒續鈔三卷

魏樞象　庸齋閒話一卷

梁清遠　雕邱雜録十八卷

馮班　鈍吟雜録十卷

陸壽名　治安文獻十卷

嚴有穀　嗜退菴語存十卷

張習孔　雲谷臥餘二十卷　續八卷

勞大輿　萬世太平書十卷

趙吉士　寄園寄所寄十二卷

王家啓　擇執録十二卷

沈自南　藝林彙考二十四卷

丁其譽　壽世祕典十八卷

劉體仁　七頌堂識小録一卷

毛先舒　匡林二卷　撰書八卷

陸圻　新婦譜一卷

王士禛　居易録三十四卷　池北偶談二十六卷　香祖筆記
　十二卷　古夫于亭雜録六卷　分甘餘話四卷

張貞生　唾居隨録四卷

張沐　圖書祕典一隅解一卷

王鉞　暑牕臆説

唐甄　潛書四卷

許三禮　政學合一集

秦雲爽　秦氏闈訓新編十二卷

原良　聽潮居存業十卷

姚際恒　庸言録

宋犖　筠廊偶筆二卷　二筆二卷

陸次雲　尚論持平二卷　析疑待正二卷　事文標異一卷

席啓圖　畜德録二十卷

朱潮遠　四本堂座右編二十四卷

張鵬翮　敦行録二卷

方中履^①　古今釋疑八卷

劉蔭樞　宜夏軒雜著一卷

林文英　碧山雜録一卷

---

① “中履”，原作“履中”，據《總目》及《存目叢書》影印清康熙汗清閣刻本本書題名改。

張圻　學仕要箴五卷

周夢顏　裕民集一卷

王弘撰　山志六卷

閻若璩　潛邱劄記六卷

陸廷燦　南村隨筆六卷

劉堅　修潔齋閒筆四卷

虞兆漋　天香樓偶得十卷

呂種玉　言鯖二卷

周象明　事物考辨六十二卷

王喆生　懿言日録一卷　二録一卷　續録一卷　別録一卷
　　附　禮闈分校日記一卷① 七規一卷

高士奇　讀書筆記十二卷

牟允中　庸行篇八卷

閔忠　人道譜

伍涵芬　讀書樂趣八卷

孔尚任　會心録四卷

黄叔琳　硯北雜録

劉廷璣　在園雜志四卷

裘君弘②　妙貫堂餘譚六卷

姜宸英　湛園札記二卷

黄齊賢　孝史類編十卷

高元標　經術要義四卷

查嗣瑮　查浦輯聞二卷

---

①　"闈"，原作"聞"，據繆氏批校改。

②　"弘"，原作"宏"，《總目》同，據《存目叢書》影印清康熙四十九年楊斐猋刻本本書題名改。按"宏"係避乾隆諱，今回改。

徐昂發　畏壘筆記四卷

邱嘉穗　東山草堂邇言六卷

何焯　義門讀書記五十八卷

程哲　蓉槎蠡説十二卷

張祖年　道驛集四卷

江德中　卮壇對問六卷

蔡含生　經史慧解六卷

張文甃　螺江日記八卷

王棠　知新録三十二卷

王懋竑　白田雜著八卷

田同之　西圃叢辨三十二卷

方正瑗　方齋補莊

王孝詠　嶺西雜録二卷

孫炯　研山齋珍玩集覽

秦坊　範家集略六卷　範身集略八卷^①

王士俊　閑家編八卷

王植　權衡一書四十一卷

張文炳　公餘筆記二卷

羅爲賡　苕西問答一卷

陳宏謀　養正遺規三卷　訓俗遺規四卷　從政遺規二卷　教
　女遺規二卷　在官法戒録四卷

陳祖范　掌録二卷

徐文靖　管城碩記三十卷

宋士宗　學統存二十四卷

曹昌言　多識類編二卷

---

① "略"，原缺，據繆氏批注補。

孫之騄　枝語二卷

何琇　樵香小記二卷

章楹　諤崖脞説五卷

閔則哲　檢心集十四卷

胡鳴玉　訂譌雜録十卷

鄭道明　續篔山房集略十八卷

郭植　經史問五卷

袁棟　書隱叢説十九卷

顧奎光　然疑録六卷

彭紹謙　閑家類纂二卷

董豐垣　識小編二卷

喬大凱　頤菴心言一卷

紀昭　養知録八卷

曹庭棟　老老恒言五卷

李仕學　初學藝引二十三卷

江昱　瀟湘聽雨録八卷

潘繼善　經史筆記

金維嘉　聖學逢原録十八卷①

令狐亦岱　諸儒檢身録一卷②

譚文光　心鏡編十卷

王元復　榴園管測五卷

黃名甌③　數馬堂答問二十卷

周池　鈍根雜著四卷

---

① "原",《總目》作"源"。

② "儒",原作"儉",據繆氏批校改。

③ "甌",原作"甄"據《總目》及《存目補編》影印舊鈔本本書題名改。

卷十四

子　部

類書類

孫承澤　典制紀略

單隆周　希姓補五卷

徐汾　廣羣輔錄六卷

熊峻運　氏族箋釋八卷

應撝謙　教養全書四十一卷

王訓　二酉彙刪二十四卷

朱虛　古今疏十五卷

王芝藻　政典彙編八卷

柴紹炳　考古類編十二卷

屠粹忠　三才藻異三十三卷

龔在升　三才彙編四卷

蔡敏榮　廣治平略四十四卷

崔冕　千家姓文一卷

李繩遠　姓氏譜六卷　李氏類纂五十卷

朱彝尊　韻粹一百七卷

王廷燦　同姓名錄八卷

陳元龍　格致鏡原一百卷

魏方泰　行年錄

周綸　石樓臆編五卷

陳祥裔　同人傳四卷

方中德　古事比五十三卷

周謙培　類書筌籥十卷

宮夢仁　讀書紀數略五十四卷

吳寶芝　花木鳥獸集類三卷

葛萬里　別號録九卷

華希閔　廣事類賦四十卷

楊文源　根黃集十卷

朱昆田　三體摭韻十二卷

王文清　考古略八卷　考古原始六卷

汪士漢　古今記林二十九卷

何懋永　讀古紀源九卷

馬瀚　唐句分韻初集四卷　二集四卷　續集二卷　四集五卷

朱栗夷　政譜十二卷

楊擁　是菴日記十四卷

周池　駢語類鑑四卷

小説家類

鄭與僑　客途偶記一卷

李王逋　蚓菴瑣語一卷

施閏章　矩齋雜記四卷

蔡憲陞　聞見集三卷

施男　筇竹杖七卷

陸圻　冥報録二卷

王士禎　隴蜀餘聞一卷　皇華紀聞四卷

王晫　今世説八卷

陸次雲　北墅緒言五卷

金侃　雷譜一卷

傅燮詷　史異纂十六卷

陸菜雅　坪雜録一卷

納喇性德　渌水亭雜識一卷

吳任臣　山海經廣注十八卷

吳震方　東軒晚語一卷

高士奇　柘西閒居録八卷

吳陳琰　曠園雜志二卷

高殿雲　改蟲齋雜疏三卷

王修玉　據梧叢説一卷

黃叔琳　硯北叢録

王蓍　豆區八友傳一卷

楊忍本　筆史二卷

汪爲熹　鄠署雜鈔十四卷

章撫功　漢世説十四卷

陶越　過庭紀餘三卷

徐岳　見聞録一卷

陳尚古　簪雲樓雜記一卷

釋家類

釋自融　南宋元明僧寶傳十五卷

釋戒顯　現果隨録一卷

道家類

張爾岐　老子説略二卷

李光地　陰符經注一卷　參同契章句一卷

陳兆成　參同契注二卷

張坦　南華評注

薛大訓　列仙通紀六十卷

孫嘉淦　南華通七卷

袁仁林　古文周易參同契注八卷

胡與高　道德經編注二卷

劉吳龍　古參同契集注六卷

林仲懿　南華本義二卷

汪縉　讀道德經私記二卷

徐大椿　道德經注二卷　附　陰符經注一卷

卷十五

集　部

別集類

劉餘祐　燕香齋文集四卷　詩集六卷

金之俊　文通集二十卷

李元鼎　灌研齋集四卷

刁包　用六集十二卷

胡世安　秀巖集三十一卷

薛所蘊　澹友軒集十六卷　桴菴集四卷

彭賓　搜遺棄四卷

程正揆　青溪遺棄二十八卷

孫承澤　己亥存棄一卷

吳偉業　梅村集四十卷

李確　九山遊草一卷

嵇宗孟　立命堂二集十三卷

曹溶　靜惕堂詩集四十四卷　粵遊草一卷

易學實　犀崖文集二十五卷　雲湖堂集六卷

王岱　且園近集四卷　且園近詩五卷

湯來賀　內省齋文集三十二卷

孫廷銓　沚亭文集二卷

呂陽　薪齋集八卷

彭而述　讀史亭詩集十六卷　文集二十二卷

陳軾　道山堂前集四卷　後集七卷

鄭宗圭　山圍堂集二十三卷

姚文然文集二十二卷

高珩　棲雲閣詩十六卷　拾遺三卷

王崇簡　青箱堂文集三十三卷　詩集三十三卷

李呈祥　東村集十卷

梁清標　蕉林詩集八卷

白允謙　東谷集三十四卷　歸庸集四卷　桑榆集三卷

陳宏緒　士業全集十六卷

王翃　二槐草存

王餘祐　五公山人集十四卷

黃宗羲　南雷文定十一卷　文約四卷

朱鶴齡　愚菴小集十卷

徐世溥　榆墩集選文九卷　詩二卷

吳懋謙　芋菴二集十二卷

沈起　學園集二卷　續編一卷

張爾岐　蒿菴集三集①

顧炎武　亭林文集六卷　詩集五卷

應撝謙　潛齋文集十六卷

魏際瑞文集十卷

魏禧　易堂文集二十八卷

魏禮文集十六卷

---

①　"菴"，原作"苄"，據《總目》及《存目叢書》影印清乾隆三十八年胡德琳刻本本書題名改。

李顒^①　二曲集二十二卷

顧景星　白茅堂集四十六卷

張仁熙　藕灣全集二十九卷

謝文洊　程山集十八卷

費密　燕峯文鈔一卷

李煥章　織齋集鈔八卷

賀貽孫　水田居士文集五卷

徐振芳　太拙詩槧

彭師度　省廬文集七卷　詩集十卷

范青　筠谿集七卷

諸匡鼎　橘苑詩鈔十一卷

于成龍　政書八卷

王宏祚　頤菴文集四册

魏裔介　兼濟堂文集二十卷　崑林小品三卷　崑林外集

魏象樞　寒松堂集九十二卷

畢振姬　西北文集四卷

翟鳳翀　涑水編五卷

謝賓王　蘭雪堂詩集三卷

梁清遠　袚園集九卷

法若真　黃山詩留十六卷

李霨　心遠堂詩集十二卷

楊思聖　且亭詩集

傅維鱗　四思堂文集八卷

博爾都　白燕樓集

---

①　"顒"，原作"容"，《總目》同，據《存目叢書》影印清康熙三十二年鄭重高爾公刻本本書題名改。按"容"係避嘉慶諱，今回改。

楊運昌　石齋文集四卷

竇遴奇　倚雄集十二卷

王熙　文靖集二十四卷　附録一卷

馮溥　佳山堂集十卷

宋徵輿　林屋文棄十六卷　詩棄十四卷

蔣永脩　慎齋遇集五卷　蒞楚學記一卷　日懷堂奏疏四卷

余一元　潛滄集七卷

宋琬　安雅堂詩　安雅拾遺詩　安雅堂拾遺文二卷　附　二
　　鄉亭詞四卷

李敬　退菴集二十一卷

張能鱗　西山集九卷

馮班　定遠集十一卷

李之芳　別集六卷

朱鳳臺　治開録二卷

蔣超　綏菴集十六卷

孫宗彝文集一册

杜恒燦　春樹草堂集六卷

湯斌　湯子遺書十卷

施閏章　學餘堂文集二十八卷　詩集五十卷　外集二卷

劉子壯　屺思堂文集八卷①　詩集一卷

熊伯龍　詩文集三卷

唐夢賚　志壑堂詩十五卷

狄敬文集二卷

郝浴文集四卷

吳正治文集一卷

---

① "堂",原作"臺",據繆氏批校改。

董文驥詩集十卷

許纘曾　寶編堂集五卷

王庭　漫餘草一卷

周茂源　鶴靜堂集十九卷

張習孔　貽清堂集十三卷　補遺四卷

周禮　月巖集五卷

許虯　萬山樓詩集二十四卷

趙吉士　萬青閣全集八卷　字天羽,順治八年舉人,安徽休寧人,官至戶科給事中。①

范承謨　忠貞集十卷

楊兆魯　遂初堂文集九卷

楊素蘊　見山樓詩文集　撫皖治略一卷　撫楚治略一卷　穀城水運紀略一卷

張晉　康侯詩草十一卷

白乃貞　愁齋存橐四卷

顧大申　堪齋詩存八卷

郭棻　學源堂文集十八卷

李來泰　蓮龕集十五卷

笪重光文集二卷

曹爾堪　南溪方略二十卷　詞略二卷

余縉文集二十二卷

吳綺　林蕙堂集二十六卷

梅清　天延閣詩前集十六卷　後集十三卷　附　花果會唱和詩一卷　贈言集四卷　瞿山詩略三十三卷

姚夔　飲和堂集二十一卷

---

① 以上二十一小字,係繆氏批補,茲保留。

林堯光　涑亭詩略一卷

林堯華　浣亭詩略二卷　浣亭歸來吟一卷　附　山薑花堨長
短句一卷

黎士弘[①]　託素齋集十卷

沈峻曾　漣漪堂遺棄二卷

汪琬　堯峯文鈔五十卷　鈍翁前後類棄一百十八卷

劉體仁　七頌堂集十四卷

秦松齡　蒼硯山人集五卷

蔣中和　半農齋集八卷

陸求可　密菴文集二十卷　錄餘二卷　詩集八卷　詩餘四卷

王澤宏　鶴嶺山人詩集十六卷

王命岳　耻躬堂文集二十卷

孫光祀　澹餘軒集八卷

洪若皐　南沙文集八卷　字叔叙，浙江臨海人。順治乙未進士，由主事官至貴
州、福建按察司僉事，分巡福寧道。[②]

邱象升詩集一卷

朱霞鶴　野堂文棄一卷

嚴沆　古秋堂文集十二卷

丁澎　藥園集二十二卷　詩集十二卷

柴紹炳　省軒文鈔十卷

張丹　秦亭詩集十二卷

毛先舒　思古堂集四卷　東苑文鈔二卷　詩鈔一卷

蕭企昭　闇修齋棄一卷

朱澤澐　止泉文集八卷

---

① “弘”，原作“宏”，《總目》同，據《存目叢書》影印清雍正二年黎致遠刻本本書題
名改。“宏”係避乾隆諱，今回改。

② 以上三十三小字係繆氏批補，茲保留。

李蕃　雪鴻堂文集十八卷

計東　改亭詩集六卷　文集十六卷

王士禄　司勳五種集二十卷

王士禧　掄山集選一卷

王士禛　精華錄十卷　漁洋文略十三卷

王士祜　古鉢集選一卷

陳廷敬　午亭文編五十卷

熊賜履　經義齋集十八卷　澡脩堂集十六卷

張貞生　庸書二十卷

林雲銘　挹奎樓文集十二卷　吳山鷇音八卷

王曰高　槐軒集十卷

鄭重　霞園詩集三卷　文集一卷

徐喈鳳　荊南墨農全集

馮甦　嵩菴集五卷

毛際可　安序堂文鈔二十卷

富鴻基文集一卷

李念慈　谷口山房詩集十卷

李天馥　容齋集六卷

徐元文　含經堂集三十卷

陳光龍文集六卷

王又旦　黃湄詩集十卷

葉方藹　讀書齋偶存稾四卷

彭孫遹　松桂堂全集三十七卷　延露詞三卷　南淔集三卷

周燦　願學堂集二十卷

鄭日奎　靜菴集十二卷

鄭端　日知堂文集六卷

王鉞　世德堂集四卷

李如澇　行素堂詩集一卷

吳琠　思誠堂集二卷

黃與堅　願學齋文集八卷

彭鵬　中藏集一卷　古愚心言八卷

孔貞瑄　聊園全集十五卷

宋實穎詩文集二十八卷

張玉書　文貞集十二卷　外集二卷

馬世俊文集六卷

孫蕙　笠山詩選五卷

葉映榴　忠節遺槀十三卷

董含　閒居草一卷

周斯盛　證山堂集八卷

程甲化　拂秋堂集二册

陳常夏　江園集十册

臧振榮　太古園集一册

徐與喬　易安齋集二册

許三禮文集四册

申涵光　聰山集十四卷

周鑣　葭里集六卷　二集六卷　三集五卷

彭任　草亭文集一卷

邱志廣　柴村集十九卷　附錄一卷

宋振麟　中巖集六卷

劉逢源　積書巖詩選

王艮　鴻逸堂槀

陳祚明　稽留山人集二十卷

吳嘉紀　陋軒詩四卷

陶孚尹　欣然堂集十卷

沙張　白定峯樂府十卷

王戩　突星閣詩鈔十五卷

吳坰　季野遺集一卷

謝重輝　杏村詩集七卷

張實居　蕭亭詩選六卷

李嶟瑞　後圃編年稾十六卷

李懋緒　荆樹居文略十卷

胡夏客　谷水集二十二卷

丁耀亢　野鶴詩鈔十卷

章靜宜　吾好遺稾一卷

章金牧　萊山堂集八卷　遺稾五卷

李鄴嗣　杲堂文鈔六卷　詩鈔七卷

梁份　懷葛堂文集十五卷

冷士嵋　江冷閣詩集十四卷　文集四卷　續集二卷

馮如京　秋水集十六卷

湯之錡　偶然云集十卷

方士穎　恕齋偶存七卷

安致遠　安靜子集十三卷

卷十六

集　部

別集類

宋犖　西陂類稾三十九卷　綿津山人詩集十八卷　附　楓香
　詞一卷

嵇永仁　抱犢山房集六卷

陸次雲　澄江集

徐世沐　性學吟二卷

申頲　耐俗軒詩集三卷

陳炳　陽山詩集十卷

吳之振　黃葉村莊詩集十卷

沈受宏　白漊文集四卷

宗元鼎　芙蓉集十七卷

趙善慶　重知堂詩二卷

張競光　寵壽堂詩集三十卷

丁嗣徵　雪菴詩存二卷

董聞京　復園文集六卷

安世鼎　章江集五卷

田雯　古懽堂集三十六卷

田霡　鬲津草堂詩集

嚴我斯　尺五堂詩刪六卷

趙士麟　讀書堂集四十六卷

曹貞吉　珂雪詩

方殿元　九谷集六卷

沈珩　耿巖文選

邵遠平　戒菴詩存一卷

曹禾　漫園集三十六卷

盛符升　誠齋詩集一卷　僅存集一卷

梁珏　雪園詩集六卷

張英　文端集四十六卷

方象瑛　健松齋集二十四卷　續集十卷

汪懋麟　百尺梧桐閣集二十六卷

顏光敏　樂圃詩集七卷

陳玉璂　學文堂集四十三卷

范鄗鼎　五經堂文集五卷　語錄一卷

董訥　柳村詩集十二卷

陸萊　雅坪集五十卷

魏麐徵　石屋詩鈔八卷　補鈔一卷

唐朝彝　匯清堂集一卷

喬萊　直廬集一冊　使粵集一冊

儲方慶　遯菴文集二十卷

應是　縱釣居文集八卷

廖騰煃　慎脩堂詩集八卷

李光地　榕村集四十卷

李光坡　皋軒文編一卷

陸隴其　三魚堂文集十二卷　外集六卷　附錄一卷

徐乾學　憺園集三十八卷

李振裕　白石山房槀十三卷

葉燮　巳畦集二十一卷　原詩四卷

趙申喬　恭毅賸棄八卷

林麟焻　玉巖詩集七卷

張烈　孜堂文集二卷

王掞　西田集五卷

孫在豐　尊道堂集四卷

張貞　半部棄二卷

鈕琇　臨野堂文集十卷

韓菼　有懷堂詩文棄二十八卷

徐倬　蘋村類棄三十卷

王鴻緒　橫雲山人詩集十六卷

徐秉義　培林堂集二册

蔣伊文集十八卷

王曰曾詩集四卷

高以永詩集一卷

馬鳴鑾　靜觀堂文棄一卷

李來章　禮山園文集八卷

朱董祥　殘本經史續言一卷

邢昉　石臼集八卷

張網孫詩集十三卷

彭定求　南畇文集十二卷

張榕端　寶嗇堂詩棄四卷　河上草二卷　蘭樵歸田棄一卷

彭開祐　椒巖詩棄二十二卷

王奂曾　旭華堂文集十四卷　補遺一卷　續編一卷

納喇性德　通志堂集十八卷　附錄二卷

馮雲驌　翠滴樓詩集六卷

陳錫嘏　兼山堂集八卷

胡會恩　清芬堂存槁八卷

王頊齡　世恩堂集三十五卷

翁叔元　鐵菴集二卷

許承宣　集岑集十卷

高層雲詩文集十卷

李繩遠　尋壑外言五卷

黃鐘　蓮廬草一卷

劉然　西澗初集六卷

邵廷采　思復堂集十卷

劉爾懌　雪石堂詩草

林越　紫峯集十四卷

孫枝蔚　溉堂前集九卷　續集六卷　後集六卷　詩餘二卷

朱彝尊　曝書亭集八十卷　附錄一卷

毛奇齡　西河文集一百七十九卷

陳維崧　迦陵集五十四卷

陳維岳　秋水閣文鈔一卷

尤侗　西堂集五十九卷

李因篤　受祺堂文集十五卷　詩集三十四卷

潘耒　遂初堂詩集十五卷　文集二十卷　別集四卷

徐嘉炎　抱經齋集二十卷　附　焚餘草一卷

龐塏　叢碧山房集五十七卷　附　詩義固說二卷

李澄中　臥象山房集三卷　附錄二卷　白雲村集八卷

汪楫　悔齋集三卷

周清原　蓉湖詩鈔

徐釚　南州草堂集 四十卷

錢金甫　保素堂集

嚴繩孫　秋水集二十卷

吳雯　蓮洋詩鈔十卷

李良年　秋錦山房集二十二卷

魏荔彤　懷舫集三十六卷

趙執信①　因園集十三卷

趙執端　寶菌堂遺詩二卷

李孚青　野香亭集十三卷

任觀瀛　夢鼎堂文集四卷　若溪集一卷

吳震方　晚樹樓詩橐四卷

汪晉徵②　雙溪草堂詩集一卷　附　遊西山詩一卷

靳讓　天麻堂集七卷

宋敏求文集一卷

張遠　邇可集四卷

馮廷櫆　舍人遺詩六卷

李符　香草居集七卷

金德嘉　居業齋文集二十卷　別集十卷

王九齡　艾納山房集五卷

許汝霖　德星堂文集八卷　續集一卷　河工集一卷　詩集
五卷

王喆生　素巖文橐二十六卷

周金然　廣菴全集三十八卷

史夔　屺踵草一卷　東祀草一卷　扶青集一卷　觀濤集一卷

吳苑　北黟集

孫岳頒　墨雲堂集二十卷

茅兆儒　嶺南二紀二卷

---

① "趙",原作"執",據繆氏批校改。

② "汪",《清史稿》及1989年文海出版社出版《碑傳集》同,《總目》及《存目叢書》影印清康熙刻本作"王"。

張伯行　正誼堂集十二卷

陳元龍　愛日堂詩二十七卷

孫勷　鶴侶齋集三卷

張希良　寶宸堂集四卷

汪灝　倚雲閣詩集一卷

徐元正　脩吉棄一卷

陳遷鶴　春樹堂集二卷

金居敬文集

吳世杰　甓湖草堂集四卷

高士奇文集七十二卷

邵長蘅　青門簏棄十六卷　邵氏家錄一卷　青門旅棄六卷
　青門賸棄八卷①

金張　岍老編年詩鈔十三卷

張篤慶　崑崙山房集三卷②

王沛恂　匡山集六卷

沈季友　學古堂詩集六卷

潘天成　鐵廬集三卷　外集二卷　附錄一卷

湯右曾　懷清堂集二十卷

趙俞　紺寒亭詩集十卷　文集四卷

孫致彌　秌左堂詩集六卷　詞四卷　續集三卷

謝乃實　崟盧山人集

史申義　過江集四卷

鄭梁　寒村集三十六卷

范光陽　雙雲堂文棄六卷　詩棄六卷

---

① "青"，原作"責"，據繆氏批校改。
② "房集三"，原作"集六卷"，據繆氏批校改。

劉以貴　藜乘初集一卷　二集二卷

田從典　嵬山文集四卷　詩集一卷

潘宗洛集四卷

竇克勤　樂飢集二册

唐孫華　東江詩鈔十二卷

吳暻　西齋詩鈔四卷

陸寅　玉照堂集四卷

王原　學葊文集四册

姚士蘁詩文四集

陶元淳　南崖集二册

盧錫晉　尚志館文述九卷

孔尚任　湖海集十三卷

曹寅　棟亭詩鈔五卷　附　詞鈔一卷

陳訏　時用集

陸繁弨　善卷堂四六十卷

高岑　眺秋樓詩八卷

孫元衡　赤嵌集四卷

范纘　四香樓集四卷

許尚質　釀川集十三卷

陶季　舟車初集二十卷

朱經　燕堂诗鈔八卷

杨兆崙　鈍齋文鈔七卷

徐志莘　根味齋詩集二十卷

朱樟①　觀樹堂詩集十四卷

沈不負　老雲齋詩删十卷

---

① "樟",原作"璋",據《總目》及《存目叢書》影印清乾隆刻本本書題名改。

李塨　恕谷後集十卷　續刻三卷

儲欣　在陸草堂集六卷

陳鵬年　恪勤集三十九卷

高孝本　固哉叟詩鈔八卷

陶爾樅　息廬詩一卷

惠周惕詩集六卷

劉廷璣　葛莊詩鈔十三卷　葛莊編年詩

查旭　咸齋文鈔七卷

顧圖河　雄雉齋選集六卷

陳璸　清端集八卷

呂履恒　夢月巖詩集二十卷　冶古堂文集五卷

周起渭　桐埜集　六卷。《迴青山房集》四卷。康熙三十三年進士，入《文苑傳》。①

雷鐸　克念堂文鈔二卷

張棠　殘本賦清草堂詩鈔六卷

焦袁熹　此木軒文集一卷

周士彬　山舟堂集十二卷

---

① 　以上二十一小字係繆氏批補，茲保留。

卷十七

集　部

別集類

姜宸英　湛園集八卷

陳至言　菀青集

周篈　華鄂堂集二卷

張遠　超然詩集八卷

吳祖脩　柳塘詩集十二卷①

張廷玉　澄懷園全集三十七卷

徐昂發　畏壘山人詩集四卷

李嗣瑮　查浦詩鈔十二卷

黃任　秋江詩集六卷

邱嘉穗　東山草堂文集二十卷　詩集八卷　續集一卷

沈岸登　黑蝶齋詩鈔四卷

梅文鼎　續學堂文鈔六卷詩鈔四卷

查慎行　敬業堂集五十卷

王式丹　樓村集二十五卷

吳廷楨　古劍書屋文鈔十卷

---

①　“塘”，原作“堂”，據《總目》及《存目叢書》影印清康熙四十四年刻本本書題名改。

宋至　緯蕭草堂詩鈔六卷

章藻功　思綺堂集十卷

方苞　望溪集八卷

沈翼機　澹初詩槀八卷　附　見山堂詩鈔一卷

方楘如　集虛齋學古文十二卷

張謙宜　絸齋詩選二卷

王苹　蓼村集四卷

王峿　石和文集

徐基　十峯集五卷

沈虹　蓬莊詩集六卷

蔡世遠　二希堂文集十二卷

趙熊詔　裘萼膡槀三卷

黃越　退谷文集十五卷　詩集七卷

蔣錫震　青溪詩偶存十卷

徐用錫　圭美堂集二十六卷

呂謙恒　青要集十二卷

陶成　吾廬遺書

王時憲　性影集八卷

唐紹祖　改堂文鈔二卷①

方覲　石川詩鈔三卷

徐文駒　師經堂集十八卷

張大受　匠門書屋集三十卷

繆沅　餘園詩鈔四卷

李楷文集八卷

帥我　墨瀾亭集

---

① 此條《總目》同，《存目叢書》影印清乾隆十八年刻本作"改堂先生文鈔"。

林佶　樸學齋詩集十卷

杜詔　殘本雲川閣詩集九卷

顧嗣立　閭邱詩集六十卷

程夢星　今有堂詩集六卷　附　茗柯詞一卷

王晦　補亭集二册

張雲章文集二十四卷

朱載震詩集二卷

王敬銘　未巖集一册

鞏建豐　朱圉山人集十二册

傅米石　練溪集五卷

李宗渭　瓦缶集十二卷

朱奇齡　拙齋集五卷

李必恒詩槀十一卷

藍鼎元　鹿洲初集二十卷[①]

程庭　若菴集五卷

張榮　空明子詩集十八卷　文集八卷　雜録一卷　詩餘一卷

陳撰　玉几詩集一卷

管榆　據梧詩集十五卷

沈元滄　滋蘭堂詩集十卷

陳萬策　近道齋文集六卷　詩集四卷

王懋竑　白田草堂存稿二十四卷

莊亨陽　元仲集一卷

查祥　雲在詩鈔九卷

厲鶚　樊榭山房集二十卷

胡浚　緑蘿山房文集二十四卷　詩集三十三卷

---

① “初”，原作“詩”，據繆氏批校。

儲大文　存硯樓文集十六卷

儲掌文　雲溪文集五卷

黃之雋　香屑集十八卷　唐堂集六十一卷

鄧鍾岳　寒香閣詩集四卷

馬維翰　墨麟詩十二卷

魯曾煜　秋塍文鈔十二卷　三州詩鈔四卷

羅人琮　最古園二編十八卷

陸奎勳　陸堂文集二十卷　詩集十六卷　續詩集八卷

梁機　三華集四卷

謝道承　小蘭陔集十二卷

馮詠　桐村詩九卷

王植　崇德堂集八卷

王汝驤　牆東雜著一卷

尤世求　南園詩鈔十卷

佟世思　與梅堂遺集十二卷

金敞　闇齋集十二卷

唐靖　前溪集十四卷

姚孔鏛　華林齋詩集四卷

夏熙臣　瓠尊山人詩集十七卷

曹煜曾　道腴堂詩集四卷

曹焜曾　長嘯軒詩集六卷

曹炳曾　放言居詩集六卷

施琠①　隨村遺集六卷

王曾祥　靜便齋集十卷

顏肇維　鍾水堂詩三卷

---

① "琠",原作"璟",據《總目》及《存目叢書》影印清乾隆四年刻本本書題名改。

梁文濂　桐乳齋詩集十二卷

張錫爵　吾友于齋詩鈔八卷

鄭方坤　蔗尾詩集十五卷　文集二卷

帥仍祖　嗜退山房槀五卷

帥念祖　樹人堂詩七卷

游紹安　涵有堂詩文集四卷

徐以升　南陔堂詩集十二卷

王步青　已山文集十卷　別集四卷

金志章　江聲草堂詩集八卷

陳祖范　司業文集四卷　詩集四卷

曹庭樞　謙齋詩槀二卷　補遺一卷

汪由敦　松泉文集二十卷　詩集二十六卷

王峻　艮齋集十四卷

王文清　鋤經餘草十六卷

嚴遂成　明史雜詠四卷

諸錦　絳跗閣詩槀十一卷

周長發　賜書堂詩選八卷

張鵬翼　芝壇集二卷

張元　綠筠軒詩集四卷

潘安禮　東山草堂集六卷

王時翔　小山全集二十卷

孫之騄　松源集

席鏊　竹香詩集四卷

倪國連　春及堂詩集四十三卷

曹一士　四馬齋詩集六卷　文集八卷

劉元燮　寒香草堂集四卷

顧成天　金管集一卷　花語山房詩文小鈔一卷　附　三重賦

一卷　燕京賦一卷

商盤　質園詩集三十二卷

桑調元　發甫集八十四卷

周宣猷　柯橡集一卷　雪舫詩鈔八卷

張湄　柳漁詩鈔十二卷

張映斗　秋水齋詩集十五卷

童能靈　冠豸山堂文集三卷

姚培謙　松桂讀書堂集八卷

朱崇勳　桐陰書屋集二卷①

周京　無悔齋集十五卷

湯斯祚　亦廬詩集二十八卷

王道　江湖閒吟八卷

劉青霞　慎獨軒文集八卷

姚世鈺　孱守齋遺槁四卷

金綖　蘊亭詩槁二卷

仲昰保　翰村詩槁六卷

李果　在亭叢槁二十卷

吳燻文　樸亭詩槁十卷

沈心　孤石山房詩集六卷

丁詠淇　二須堂集二卷

項大德　梯青集

王孝詠　後海書堂遺文二卷

朱令昭　冰壑詩鈔六卷

高鳳翰　南阜山人詩集七卷

---

　　① "陰"，原作"隱"，據《總目》及《存目叢書》影印清道光刻濟南朱氏詩文彙編本本
書題名改。

朱懷樸　鵝浦集六卷

方觀承　薇香集一卷　燕香集二卷　燕香二集二卷

藍千秋集二十六卷

沈彤　果堂集十二卷

王心敬　豐川全集二十八卷　續集三十四卷

沈廷芳　隱拙齋集五十卷

沈炳震　蠶桑樂府一卷

盧存心　白雲詩集七卷　別集一卷

邊連寶　隨園詩集十卷

李鍇　睫巢集六卷　後集一卷

沈冰壺　抗言在昔集一卷

張庚　强恕齋文鈔五卷①

黃永年　靜山集十二卷

史調　復齋文集四卷

帥家相　卓山詩集十二卷

凌樹屏　瓠息齋前集二十四卷

莊綸渭　問義軒詩鈔二卷　賸草一卷

郭植　月坡詩集四卷

邵齊燾　玉芝堂集九卷

陳道　凝齋遺集八卷

萬光泰　柘坡居士集十二卷

鄭際熙　浩波遺集三卷

徐以泰　綠杉野屋集四卷

金農　冬心集四卷

曹廷棟　産鶴亭詩集七卷

---

① "恕",原作"怒",據《總目》及《存目叢書》影印清乾隆刻本本書題名改。

閻循觀　西澗草堂集四卷

江昱　松泉詩集六卷

汪舸　嶻崅山人集八卷

陳景元　石閒詩一卷

張侗　放鶴村文集五卷

胡慶豫　東坪集八卷

張文瑞　六湖遺集十二卷

王令①　念西堂詩集八卷　古雪堂文集十九卷

閔南仲　寒玉屏集二卷　碎金集二卷

許昌國　薪樵集四卷

許重炎　璞堂文鈔十一卷

王鳳九　彙書六卷

吳盛藻　天門詩集六卷　文集六卷

林璐　歲寒堂存槀一卷

唐之鳳　天香閣詩集十卷

戚玾　笑門詩集二十五卷

林之蒨　偶存草堂集六卷

釋本晝　直木堂詩集七卷

釋元璟　完玉堂詩集十卷

釋通復　冬關詩鈔六卷

釋湛性　雙樹軒詩鈔一卷

---

① “令”，原作“念”，據繆氏批校改。

卷十八

集　部

總集類

刁包　斯文正統十二卷

吳偉業　太倉十子詩選十卷

蔡士英　滕王閣集十三卷　滕王閣續集

黃宗羲　明文海四百八十二卷　姚江逸詩十五卷

陳增新　柳洲詩集十卷

魏裔介　溯洄集十卷

蔡蓁春　施閏章　續宛雅八卷

胡文學　甬上耆舊詩三十卷

陳焯　宋元詩會一百卷

吳綺　宋金元詩永二十卷　補遺二卷　樂府吳騷四卷

王士禛　唐賢三昧集三卷　二家詩選二卷　唐人萬首絕句選
　七卷　古詩選三十二卷　十種唐詩選十七卷　十子詩略
　十卷

趙承烈　歷代賦鈔十二卷

楊長世　楊氏五家文鈔十二卷

范良　詩苑天聲二十一卷

王輔銘　練音集補七卷　國朝練音集十二卷

陳允衡　國雅初集

王崇炳　金華文略二十卷

孫鋐　皇清詩選三十卷

吳之振　宋詩鈔一百六卷

汪森　粵西詩載二十五卷　粵西文載七十五卷　粵西叢載
　三十卷

陳祚明　采菽堂古詩選二十四卷

宋犖　江左十五子詩選十五卷

馮舒　詩紀匡謬一卷

顧貞觀　宋詩刪二十五卷

陸棻　歷朝賦格十五卷

范鄗鼎　續垂棘編三集十卷　四集九卷

李光地　古文精藻二卷

王愈擴　王愈融　瑞竹亭合稿四卷

魏憲　百名家詩選八十九卷

徐倬　全唐詩録一百卷

李繩遠　澄遠堂三世詩存八卷

鄧漢儀　詩觀十四卷　別集二卷

朱彝尊　明詩綜一百卷　洛如詩鈔六卷

陳維崧　篋衍集十二卷

吳震方　朱子論定文鈔二十卷

顧茂倫　明文英華十卷　七律英華二十二卷

施念曾　張汝霖　宛雅三編二十四卷

張伯行　濂洛風雅九卷

王企埥　四家詩鈔二十八卷

高士奇　續三體唐詩八卷　唐詩掞藻八卷

王修玉　歷朝賦楷八卷

沈季友　檇李詩繫四十二卷

勞嶼　倪城風雅二卷

王原　于野集七卷

儲欣　唐宋十大家全集録五十一卷

姚宏緒　松風餘韻五十一卷

鮑楹　青溪先正詩集

薛熙　明文在一百卷

汪份　唐宋八家文選

焦映漢　賈棠邱海二公文集合編十六卷

蔡世遠　古文雅正十四卷

顧嗣立　元詩選一百一十卷　詩林韶濩四十卷

杜詔　杜庭珠　唐詩叩彈集十二卷　續集三卷

紀容舒　玉臺新詠考異十卷

史簡　鄱陽五家集十五卷

沈嘉轍　吳焯　陳芝光　符曾　趙昱　厲鶚　趙信　南宋雜
事詩七卷

鄭爾垣　義門鄭氏奕葉吟集七卷　義門鄭氏奕葉集十卷

陳訏　宋十五家詩十六卷

朱緗　朱絳　朱網　棣華書屋近刻四卷

倪繼宗　續姚江逸詩十二卷

劉紹攽　二南遺音四卷

黃光岳　三詩合編三卷

馬長淑　渠風集略七卷

吳定璋　七十二峯足徵集一百一卷

曹庭棟　宋百家詩存二十八卷

鄭文炳　明倫初集五卷　續集五卷

林其茂　長林四世弓冶集五卷

梁善長　廣東詩粹十二卷

鄭王臣　莆風清籟集六十卷

宋弼　山左明詩鈔三十五卷

聶芳聲　豐陽人文紀略十卷

陳文藻　南園後五子詩集二十八卷

孫翔　崇川詩集十二卷

王之珩　東皋詩存四十八卷

陳光裕　濮川詩鈔三十五卷

楊方晃　磁人詩十卷

查克宏　晚唐詩鈔二十六卷

賴鯤升　友聲集七卷

釋山止　韜光菴紀遊集

詩文注類

朱鶴齡　李義山詩注三卷　附錄一卷

李光地　離騷經注一卷　九歌注一卷

李因篤　漢詩音注五卷

吳兆宜　庾開府集箋注十卷　徐孝穆集箋注六卷

王琦　李太白詩集注三十六卷

仇兆鼇　杜詩詳注二十五卷　附編二卷

徐樹穀　徐炯① 李義山文集箋注十卷

查慎行　補注東坡編年詩五十卷

倪璠　庾子山集注十六卷

蔣驥　山帶閣注楚詞六卷　楚詞餘論六卷　楚詞說韻一卷

顧嗣立　韓昌黎詩注十卷　溫庭筠詩注九卷

趙殿成　王右丞集箋注二十八卷　附錄二卷

---

① “炯”，原作“烔”，據《總目》及《四庫全書》本書題名改。

汪立名　白香山詩集四十卷　附録年譜二卷

陳景雲　韓集點勘四卷

詩文評類

黄宗羲　金石要例一卷

吳景旭　歷代詩話八十卷

顧炎武　救文格論一卷

施閏章　蠖齋詩話二卷

毛先舒　詩辨坻四卷

王士禛　漁洋詩話三卷

吳喬　圍爐詩話八卷

宋犖　漫堂説詩一卷

葉燮　原詩四卷

毛奇齡　詩話八卷

陳維崧　四六金針一卷

李因篤　漢詩評五卷

彭桂　慎墨堂詩品一卷

趙執信　聲調譜一卷　談龍録一卷

郎庭槐　劉大勤　師友詩傳録一卷　續録一卷

黄叔琳　文心雕龍輯注十卷

李中　黄逸樓詩論四卷　耐俗軒文訓一卷

王之績　鐵立文起二十二卷

厲鶚　宋詩紀事一百卷

鄭方坤　全閩詩話十二卷　五代詩話十卷

杭世駿　榕城詩話三卷

詞曲類

吳綺　選聲集三卷　詞韻簡一卷

曹亮武　南耕詞六卷　歲寒詞一卷

范青　澹秋容軒詞一卷

毛先舒　填詞名解四卷　南曲入聲客問一卷

陳澍　蕉雨軒詩餘彙選八卷

余光耿　蓼花詞一卷

萬樹　詞律二十卷

陸次雲　玉山詞

曹貞吉　珂雪詞二卷

朱彝尊　詞綜三十四卷

毛奇齡　詞話二卷

徐釚　詞苑叢談十二卷

范纘　四香樓詞鈔

孫默　十五家詞三十七卷

邵璸　情田詞三卷

佟世南　東白堂詞選初集十五卷

沈雄　古今詞話六卷

王又華　古今詞論一卷

李爲仁　厲鶚　絕妙好詞箋七卷

二十五史藝文經籍志考補萃編總目